基础理论视角下的
审计理论研究

赵素琴 陈丽云 刘均敏 **著**

陈礼忠 **参著**

中国商务出版社
CHINA COMMERCE AND TRADE PRESS

图书在版编目（CIP）数据

基础理论视角下的审计理论研究 / 赵素琴，陈丽云，刘均敏著. -- 北京：中国商务出版社，2020.6
　ISBN 978-7-5103-3390-3

Ⅰ. ①基… Ⅱ. ①赵… ②陈… ③刘… Ⅲ. ①审计理论—理论研究 Ⅳ. ①F239.0

中国版本图书馆CIP数据核字(2020)第094285号

基础理论视角下的审计理论研究
JICHU LILUN SHIJIAOXIA DE SHENJI LILUN YANJIU
赵素琴　陈丽云　刘均敏　著

出　　版	中国商务出版社
地　　址	北京市东城区安定门外大街东后巷28号　邮编：100710
责任部门	教育培训事业部（010-64243016　gmxhksb@163.com）
责任编辑	丁海春
总 发 行	中国商务出版社发行部（010-64208388　64515150）
网购零售	中国商务出版社考培部（010-64286917）
网　　址	http://www.cctpress.com
网　　店	https://shop162373850.taobao.com/
邮　　箱	cctp6@cctpress.com
印　　刷	河北正德印务有限公司
开　　本	787毫米×1092毫米　1/16
印　　张	10.75　　字　数：220千字
版　　次	2020年6月第1版　印　次：2020年6月第1次印刷
书　　号	ISBN 978-7-5103-3390-3
定　　价	56.00元

凡所购本版图书有印装质量问题，请与本社总编室联系。（电话：010-64212247）

版权所有　盗版必究　（盗版侵权举报可发邮件到此邮箱：1115086991@qq.com 或致电：010-64286917）

前 言

基础理论指一门学科的基本概念、范畴、判断与推理。科学的基础理论指科学的基本概念、范畴与原理。审计是指由专设机关依照法律对国家各级政府及金融机构、企业事业组织的重大项目和财务收支进行事前和事后审查的独立性经济监督活动。

鉴于此，本书以"基础理论视角下的审计理论研究"为题，在内容编排上共设置六章：第一章以审计理论的产生、发展与定义分析；审计的本质与特性研究；审计的目标与功能作用分析；审计组织与审计主体、客体分析；审计原则与职业道德准则分析以及审计业务质量控制原则为切入，诠释审计理论的基本内容；第二章分析了基础理论视角下的审计理论框架，内容涉及审计理论框架的逻辑起点理论分析、审计理论框架构成要素分析以及审计理论框架的构建路径研究；第三章论述了审计假设理论、审计需求理论、政府审计理论、内部审计理论、注册会计师审计理论、财务审计理论、合规审计理论、绩效审计理论、经济责任审计理论、工程审计理论分析；第四、五章对基础理论视角下的审计程序与方法、基础理论视角下的审计信息化进行研究；第六章论述了我国审计规范化建设体系、我国审计规范化建设路径。

全书内容丰富详尽，线索清晰，观点明确，通过基础理论对审计理论进行了详尽的论述。力求对审计人员提供有效的借鉴，并通过对审计规范化的建设，为我国审计规范化提供相应的建议。

笔者在撰写本书的过程中，得到了许多专家学者的帮助和指导，在此表示诚挚的谢意。由于笔者水平有限，加之时间仓促，书中所涉及的内容难免有疏漏之处，希望各位读者多提宝贵意见，以便笔者进一步修改，使之更加完善。

作　者
2020 年 6 月

目 录

第一章　绪论 … 1

第一节　审计理论的产生、发展与定义分析 … 1
第二节　审计的本质与特性研究 … 3
第三节　审计的目标与功能作用分析 … 4
第四节　审计组织与审计主体、客体分析 … 7
第五节　审计原则与职业道德准则分析 … 10
第六节　审计业务质量控制原则分析 … 14

第二章　基础理论视角下的审计理论框架 … 18

第一节　审计理论框架的逻辑起点理论分析 … 18
第二节　审计理论框架构成要素分析 … 21
第三节　审计理论框架的构建路径研究 … 26

第三章　基础审计理论研究 … 29

第一节　审计假设理论研究 … 29
第二节　审计信息需求理论研究 … 32
第三节　政府审计理论研究 … 38
第四节　内部审计理论研究 … 42
第五节　注册会计师审计理论研究 … 46
第六节　财务审计理论研究 … 58
第七节　合规审计理论研究 … 63
第八节　绩效审计理论研究 … 71
第九节　经济责任审计理论研究 … 79
第十节　工程审计理论研究 … 91

第四章　基础理论视角下的审计程序与方法研究 …… 94

第一节　审计准备与计划阶段研究 …… 94

第二节　审计实施阶段研究 …… 102

第三节　审计完成与报告阶段研究 …… 107

第四节　一般审计组织方式方法研究 …… 114

第五节　专项审计与跟踪调查方法研究 …… 121

第六节　盘点调节与函证审计方法研究 …… 133

第五章　基础理论视角下的审计信息化研究 …… 141

第一节　我国审计信息化的起源发展分析 …… 141

第二节　实施审计信息化的形式分析 …… 144

第三节　我国审计信息化发展趋向与路径思考 …… 148

第六章　审计规范化建设 …… 154

第一节　我国审计规范化建设体系 …… 154

第二节　我国审计规范化建设路径分析 …… 158

参考文献 …… 163

第一章 绪 论

第一节 审计理论的产生、发展与定义分析

一、审计理论的产生

自从有了社会经济管理活动，审计作为一种经济监督活动，就必然在一定意义上存在了。所不同的是，在社会发展的各个时期，由于生产力发展水平不同，社会经济管理方式不同，审计的广度、深度和形式也自然各不相同。会计中需要审核稽查的因素，并非是导致审计产生的根本原因。审计因授权管理经济活动的需要而产生，受托经济责任关系，才是审计产生的真正基础。

所谓受托经济责任，是指财产经营者接受财产所有者的委托，按照特定要求或原则经管受托经济资源和报告其经营状况的义务。受托经济责任的基本内容包括两个方面：第一，行为责任。行为责任的主要内容是按照保全性、合法（规）性、经济性、效率性、效果性和社会性以及控制性等要求经管受托经济资源。第二，报告责任。报告责任的主要内容是按照公允性或可信性的要求编报财务报表。在受托经济责任下，财产所有者需要定期或不定期地了解其授权或委托的代理人员是否忠于职守、尽职尽责地从事管理和经营，有无虚假财务报告等行为，这就有必要授权或委托熟悉会计业务的人员去审查代理人员所提供的会计资料及其他管理资料，以有助于在辨明真伪、确认优劣的基础上定赏罚。

二、审计理论的发展

我国审计的产生与发展经历了一个漫长的过程。早在西周，我国就有了审计的萌芽。秦汉时期，是我国国家审计初步确立阶段。隋唐至宋时代，是封建经济的鼎盛时期，我国审计也进入日臻完善的阶段。元、明、清三代，专门的审计机构被撤销，户部行使审计权力，审计监督流于形式，这一时期审计较为缓慢。到了中华民国时期，审计进入了近代演进时期。1912年北洋政府在国务院设立审计处，1914年颁布了审计法，这是我国历史上第一部审计法典。

中华人民共和国成立后，国家没有设置独立的审计机构，20世纪80年代以后，为适应改革开放和经济建设的需要，我国全面开展审计工作，1980年恢复重建注册会计师制度。为加强部门、单位内部经济监督和管理，我国于1984年在部门、单位内部成立了审计机构，实行内部审计监督制度，1985年、1995年、2003年先后几次发布了《审计署关于内部审计工作的规定》，规范了我国内部审计工作，建立、健全了内部审计制度。财务审计已经逐步成企事业单位日常性、基础性的工作，普遍加大了经济责任审计力度，积极开展了专项审计、项目审计、物资采购审计等形式和内容各异的经济效益审计。探索开展了企业内部控制有效审计，加快了内部审计信息化建设。

目前，我国形成了国家审计、注册会计师审计和内部审计"三位一体"的审计监督体系，三者各司其职，在各自的领域实施审计，审计工作进入了振兴时期，审计监督体体系的构建和完善，对我国的经济体制改革乃至整个国民经济的发展都起到了良好的促进作用。审计的产生与发展和经济环境密切相关，经济越发展，审计越重要。

三、审计理论的定义

从审计的形成机制来看，主要涉及三方面关系：财产所有者、财产的经营管理者，以及专职机构和人员。其中，财产所有者一般是审计的授权人（委托人）；财产的经营管理者是被审计者；专职机构和人员是审计行为的执行者，即审计者。

在审计产生之初，审计主要从审查会计资料入手，对会计资料中反映的问题进行审查。我国古代有"听其会计"之说，西方国家的"audit"一词也有"听审"的含义。当然，审计发展至今，早已超越了查账的范畴，涉及对各项活动的经济性、效率性和效果性的查核。审计实质上是对企业会计监督的内容进行再监督，对企业会计认定的内容进行再认定。

截至目前，国际上较有影响力的关于审计的定义来自美国会计学会1972年颁布的《基本审计概念公告》，该报告中指明：审计是指为了查明有关经济活动和经济现象的认定与所制定标准之间的一致程度，而客观地收集和评估证据，并将结果传递给有利害关系的使用者的系统过程。

综上所述，人们对审计的定义是：审计是指由独立的专门机构和人员，接受委托或根据授权，依法对国家行政、事业单位和企业单位及其他组织的会计报表和其他资料及其所反映的财政、财务收支及有关经济活动的真实性、合法性、效益性进行审查并发表意见的过程。其主要回答了与审计有关的三个问题：第一，审计主体；第二，审计客体和对象；第三，审计目标结果。

第二节 审计的本质与特性研究

一、审计的本质

本质即事物的根本属性,是一事物区别于他事物的根本性质。从审计的内在属性看,审计本质主要是回答审计"是什么"的问题,即审计本身所固有的、相对稳定的、决定其面貌和发展的根本属性,是区别于其他事物的基本特征。从审计的外在联系看,审计本质是回答审计"为什么"的问题,即审计的出发点和立足点,包括审计的职责、功能、作用及其发挥途径等。

人对事物、现象、过程等的认识是从现象到本质,从不甚深刻的本质到更深刻本质的深化的无限过程。对于审计本质的认识,也会随着审计实践的发展变化、对审计规律探索的深入和认识程度的提高而不断深化。只有在深入分析和研究已有的对于国家审计本质认识的基础上,认真总结和提炼审计工作的经验和规律,才能准确地概括出中国特色社会主义国家审计的本质。

从国家审计产生与发展的过程来看,国家审计作为一种制度安排,是为满足某种客观需要而产生和发展起来的。由于经济社会发展的需求不同,不同国家在不同的经济社会发展阶段,其审计制度安排是不同的,审计在经济社会发展中承担的责任和发挥的作用以及审计工作的内容都有很大差异。

中华人民共和国成立后,开始没有设立独立的审计部门,对财政财务收支的监督主要是由财政、银行、税务等部门结合自身的业务管理进行的。1982年《中华人民共和国宪法》确立实行国家审计制度,做出国务院和县级以上地方各级人民政府设立审计机关的规定。回顾中华人民共和国国家审计三十多年的发展历程,审计制度不断完善,审计工作的指导思想、中心任务、工作重点以及在经济社会中所发挥的作用也发生了很大的变化。在这一过程中,人们基于在审计工作不同的历史发展时期所呈现出来的不同表象,对国家审计本质从不同视角和层次上进行了概括,形成了关于国家审计本质的不同认识。

二、审计的特性

(一)审计的独立性

独立性是审计的本质特性。审计的独立性体现在审计关系之中。审计者作为独立的第三者,接受财产所有者的委托或授权对财产管理者执行审计,审计者的审计监督权是审计授权人或委托人(财产所有者)所赋予的,同时,审计者不参与被审计者(财产管理者)

的经营管理活动，与被审计者没有任何联系，因此，审计者相对于被审计者而言，始终处于独立的地位。在民间审计中，审计者不仅独立于被审计者，还独立于审计委托人。审计独立性是保证审计结论可靠的前提和基础。

（二）审计的权威性

审计的独立性决定了它的权威性。审计者以独立的身份对被审计者依法进行审计，这保证了审计结论的公正性，也就为审计的权威性奠定了基础。为了有效地保障审计组织独立地行使审计监督权，我国《中华人民共和国宪法》《中华人民共和国审计法》《中华人民共和国注册会计师法》等法律对实行审计制度，以及国家审计机关、会计师事务所、内部审计机构的设立、职权范围，审计人员依法执行业务等都做出了明确规定，从法律上保障了审计的权威性。

第三节 审计的目标与功能作用分析

一、审计的目标

目标是从事一项活动所要达到的境界或目的，是组织或个人行为所期望的成果审计。目标是审计行为要达到的目的。目标决定方向，研究审计目标对于明确审计工作方向、指导审计实践活动和完成审计任务具有重要作用。

（一）审计目标的内涵

审计作为一项有目的的活动，有其特定的目标。审计目标是审计组织的预期成果，是审计行为要达到的境界或目的。审计目标作为审计理论体系的重要组成部分，是审计活动的指南，是决定审计主体价值取向和工作思路的重要因素，在审计活动中发挥着引领方向、规范过程的作用。审计目标的实现程度是检验审计活动成效的重要标志。

国家审计目标就是审计机关开展审计工作所要达到的境界或目的，按照层次不同，国家审计目标可以划分为：根本目标、现实目标和直接目标。其中，根本目标是维护人民群众的根本利益，现实目标是推进法治、维护民生、推动改革、促进发展，直接目标是监督和评价被审计单位财政财务收支的真实性、合法性和效益。三者相互联系，相互依存。根本目标是最高层次的目标，是审计工作的最终目的，是确定审计工作在一定时期的现实目标和直接目标的前提和基础。现实目标和直接目标是根本目标在一定时间和空间内的具体化，现实目标既是根本目标在现阶段的具体体现，又是直接目标在一定时期的方向和指引。国家审计目标的实现又依赖于各个时期审计主要任务的完成。

(二) 审计目标的特性

国家审计作为一项特殊的社会活动，其目标有别于内部审计、社会审计以及其他社会活动，具有以下三个特性：

(1) 公共性。国家审计的目标是由国家审计的本质决定的。国家审计作为国家政治制度的重要组成部分，是为满足国家治理的客观需要而产生和发展的，是国家治理这个大系统中内生的具有揭示、抵御和预防功能的"免疫系统"，是国家治理的基石和重要保障。这就决定了国家审计目标必须从维护公共利益的角度来确定，围绕监督公共权力履行、公共政策制定、公共服务提供、公平秩序构建等，促进体现公共意志、维护公共利益，这就是国家审计目标的公共性。

(2) 层次性。国家审计的目标不是单一的，而是具有多个层次。总体看，国家审计目标包括：根本目标、现实目标。而审计的首要任务和工作重点则是落实这些目标的具体体现。审计目标的层次性是由国家的根本性质、国家在特定阶段所面临的形势和任务、审计事项的性质和特点决定。

在实际工作中，审计机关要围绕着审计的首要任务和工作重点来实施具体的审计项目；通过开展一系列审计项目，实现现实目标；通过完成不同时期的现实目标，最终达到根本目标；同时，在下一层次目标实现的过程中，要以上一层次目标为指导，为上一层次目标的实现奠定基础。

(3) 动态性。在不同时期，经济社会发展的环境和条件不同，审计工作面临的需求也不同。为了适应经济社会发展环境和条件的变化，更好地满足其需求，审计目标特别是现实目标要据以做出相应的调整，这就是国家审计目标的动态性。审计目标的动态性要求审计机关时刻关注经济社会发展趋势，并根据经济社会发展需求，适时调整审计任务和工作重点。

(三) 审计目标的影响因素

一般而言，影响审计目标的因素主要有两个：第一，审计环境的客观需求；第二，审计自身的能力和水平。具体到国家审计目标，其主要的影响因素有以下三点：

1. 国家治理发展变化的影响

国家的历史传承、文化传统和经济社会发展水平决定了国家治理的目标，而国家治理的目标决定了国家审计的方向。在不同发展阶段，由于国家治理的阶段性目标和重点不同，国家审计的现实目标和直接目标也是不同的。

建设中国特色社会主义法治体系，建设社会主义法治国家的依法治国总目标这些都为实现中华民族伟大复兴的"中国梦"提供了保障，也明确了新时期国家治理的方向和目标。同时，国家审计必须围绕着经济社会发展中的主要矛盾和问题，在推进法治、维护民生、推动改革、促进发展，推进国家治理现代化方面发挥积极作用。

2. 法律环境的影响

现代社会是法治社会，任何组织和个人的行为必须符合法律规定，国家审计也不例外。由于审计必然运行于特定的法律环境之中，因而其目标的确立必然受所处环境完善程度的影响。概括地说，法律环境越好，法制化程度越高，审计目标就能越契合国家治理需求，审计作用的发挥就越好法律环境对审计目标影响主要体现在两方面：第一，审计目标必须符合法律法规、法律在赋予国家审计一定审计监督权力的同时，也规定了国家审计的体制、范围、权限等，是确定审计目标的基本依据，审计机关必须严格依照法定权限、程序行使权力，才能确保依法审计、客观公正；第二，审计实施必须依据法律法规。

审计机关在开展审计工作，做出审计评价、审计结论和审计处理处罚时，必须以事实为依据、以法律为准则，离开了法律法规，审计工作即失去了根本依据和标准。宪法和审计法等法律法规对中国国家审计制度做出了规定，审计机关应依照这些法律法规的规定开展审计工作。

3. 审计自身能力及水平的影响

审计自身的能力及水平对于审计目标的发展变化有着重要影响国。国家审计目标是国家治理和经济社会发展对审计需求的反映，如果审计自身缺乏满足这种需求的能力和水平，那么这种需求只能是期望，反映这种需求的审计目标是无法实现的。因此，审计目标的确定要充分考虑社会需求和审计自身能力两个方面的因素，并在两者之间寻求平衡。

二、审计的功能作用

（一）审计的功能

审计具有经济监督、经济评价和经济鉴证的功能。

1. 经济监督

审计的经济监督功能是审计最基本的功能。审计的经济监督功能指的是，通过审计和监察，督促被审计单位的经济活动在规定的范围内、在正常的轨道上进行，审计工作的核心是审核检查，通过审计，了解被审计单位经济活动的真相，然后衡之以一定的标准，就能做出被审计单位经济活动是否合法、合规的结论，就能促使被审计单位的经济活动在国家允许的范围内进行。

2. 经济评价

审计的经济评价功能指的是，通过审核检查，评价被审计单位的经营决策、计划和方案等是否先进，内部控制系统是否健全、是否切实执行，财政收支、财务收支是否按照计划、预算和有关规定执行，各项资金的使用是否合理、有效，经济效益是否较优，会计资料是否真实、正确等。

3. 经济鉴证

审计的经济鉴证功能指的是，通过鉴别被审计单位经济活动和有关资料的性质，做出书面证明。注册会计师审计是体现审计签证功能最典型的例子，例如、会计师事务所受中外合资经营企业的委托，对投入资本进行验资后出具验资报告、对年度报告审查后出具查账报告，对解散清算事项进行审核后出具清算报告等，都具有经济鉴证的职能。又如，国家审计机关对厂长（经理）的离任经济责任审计，对承包经营的经济责任审计，以及对国家利用国际金融组织的贷款项目、联合国专门机构援建项目的审计等，也都属于审计鉴证的范围。

需要指出的是，审计的职能客观地存在于审计之中，但审计职能并非一成不变。随着社会经济的发展，审计的职能可以逐步被人们所发现、所认识。

（二）审计的作用

审计的作用是指在审计实践中履行审计职能所产生的客观影响。审计的作用是由审计的职能所决定的。审计的作用有以下两点：

（1）制约作用。制约作用是指审计工作在执行批判性的监督活动中，通过监督、鉴证和评价，制约经济活动中的各种消极因素，有助于受托经济责任者正确履行经济责任和保证社会经济的健康发展。

（2）促进作用。促进作用是指审计在执行指导性的监督活动中，通过监督、鉴证和评价，对被审计单位存在的问题提出改进的建议与意见，从而使其经营管理水平和状况得到改善与提高。

第四节　审计组织与审计主体、客体分析

一、审计组织与审计主体

审计主体是指审计行为的执行者，即审计机构和审计人员为审计第一关系人。审计主体包括审计组织和审计人员，审计组织一般分为三类：政府审计组织、注册会计师审计组织和内部审计组织。相应地，审计人员也分为三类：政府审计人员、注册会计师审计人员（以下均简称为注册会计师）和内部审计人员。

（一）政府审计组织与人员

政府审计组织也称国家审计组织，政府审计组织是代表政府行使审计监督权的行政机关。政府审计组织在我国称为国家审计机关，分为两个层次：第一，国家最高审计机关——中华人民共和国审计署，隶属于国务院，受国务院领导，属于行政模式，它负责组织领导全国的审计工作，对国务院各部门和地方各级政府的财政收支、国家金融机构和企事业组织的财务收支进行审计监督。第二，地方审计机关。受双重领导，在业务上受上一级审计机关的领导，在其他方面受本级人民政府的领导，它负责本级审计机关范围内的审计事项，对上级审计机关和本级人民政府负责并报告工作。我国政府审计人员属于国家公务人员，且单独设置专业技术职称：高级审计师、审计师、助理审计师，均通过全国统一的职称考试获得。

（二）注册会计师审计组织与人员

注册会计师审计组织也称民间审计组织或社会审计组织。注册会计师审计组织是指由具有一定资格的专业人员组成，从事审计、咨询等业务的审计组织。注册会计师依法承办业务的机构是会计师事务所。我国会计师事务所有两种形式：有限责任会计师事务所和合伙会计师事务所。

合伙会计师事务所又分为普通合伙制与特殊普通合伙制会计师事务所，普通合伙制审计事务所的合伙人承担无限连带责任。而在特殊普通合伙制企业中，承担的责任分为两类：第一，若是由于合伙人非故意或者非重大过失引起的损失，则全体合伙人承担无限连带责任；第二，若是由于合伙人故意或者重大过失引起的损失，则该合伙人承担无限连带责任，而其余的合伙人承担有限责任，以其出资额为限。

要想成为注册会计师，必须通过注册会计师全国统一考试，在我国，一般分两个阶段：专业阶段考试和综合阶段考试，专业阶段考试设有六个科目：会计、审计、财务成本管理、公司战略与风险管理、经济法、税法。综合阶段考试设职业能力综合测试一个科目。参加注册会计师全国统一考试成绩合格，并从事审计业务工作两年以上的，可以向省、自治区、直辖市注册会计师协会申请注册。

（三）内部审计组织与人员

内部审计组织也称内部审计机构，是指本部门或本单位内部建立的审计机构。它负责执行内部审计，内部审计机构的设置主要有以下三种形式：第一，受本单位总会计师或主管财务的副总裁领导；第二，受本单位总裁或总经理领导；第三，受本单位董事会领导或审计委员会领导，从审计的独立性和有效性来看，领导层次越高，内部审计工作就越有成效。

在我国，内部审计的从业人员要取得岗位资格证书。资格证书的取得采取资格认证和考试两种办法，凡具备四项条件之一者，可通过认证发给资格证书：第一，具有审计、会计、经济及相关专业中级或中级以上专业技术职称的人员；第二，具有国际注册内部审计师证书的人员；第三，具有注册会计师、造价工程师、资产评估师等相关执业证书的人员；第四，审计、会计及相关专业本科以上学历工作满两年以上，以及大专学历工作满四年以上的人员。不具备上述条件者，须参加中国内部审计协会统一组织的资格考试，考试合格者发给资格证书。资格证书的考试内容有：内部审计原理与技术；有关法律法规与内部审计准则；计算机基础知与应用。

二、审计组织与审计客体

审计客体，即参与审计活动关系并享有审计权力和承担审计义务的主体所作用的对象，它是对被审计单位和审计的范围所做的理论概括。根据其定义可知，审计客体包含两层含义：第一，外延上的审计实体，即被审计单位；第二，内涵上的审计内容或审计内容在范围上的限定。

（一）政府审计客体

根据我国《中华人民共和国宪法》第91条和第109条的规定以及《中华人民共和国审计法》的具体规定，我国国家审计客体的实体即被审计单位是指所有作为会计单位的中央和地方的各级财政部门、中央银行和国有金融机构、行政机关、国家的事业组织、国有企业、基本建设单位等。

审计对象的客体内容包括：会计单位的中央和地方的各级财政部门、中央银行和国有金融机构、行政机关、国家的事业组织、国有企业、基本建设单位等部门的财政预算。信贷、财务收支（资产、负债、损益）和决算，以及与财政收支、财务收支有关的经济活动及其经济效益。

（二）注册会计师审计客体

根据《中华人民共和国注册会计师法》及有关规章的规定，我国注册会计师审计的客体主要是注册会计师审计组织，接受国家审计机关、企事业单位和个人的委托，可承办财务收支的审计查证事项、经济案件的鉴定事项、注册资金的验证和年检，以及会计、财务、税务和经济管理的咨询服务等。

（三）内部审计客体

根据《审计署关于内部审计工作的规定》，我国内部审计的对象是本部门、本单位及其所属单位的会计账目、相关资产，以及所反映的财政收支和财务收支活动。同时还包括本部门、本单位与境内外经济组织兴办合资、合作经营企业以及合作项目等的合同执行情况，投入资金、财产的经营状况及其效益。

尽管国家审计、注册会计师审计、内部审计具体的对象有所不同，但从其内容和范围上说一般均包括被审计单位的会计资料及其他有关经济资料，以及所反映的财政收支、财务收支及相关的经济活动。

第五节 审计原则与职业道德准则分析

一、审计原则

审计原则是审计人员实施审计工作时应遵循的行为规范，是衡量审计工作质量的标准。审计原则是出于审计自身和社会公众的需要而产生的，其完善程度反映了审计的发展水平。审计原则具有权威性，是控制和评价审计工作质量的依据，也是控制审计风险的途径。

审计原则又称审计标准，它是审计理论与审计实践的结合。审计原则是由政府审计部门或会计师执业团体制定的，用以规范审计人员应有的素质和专业资格，规范并指导其执业行为，衡量和评价其工作质量的权威性标准。

（一）审计原则的意义

审计原则的制定和实施，使审计人员执行审计业务时有了规范和指南，使审计人员有章可循。审计原则是充分、有效地发挥审计作用的必要条件和重要保证。具体来说，审计原则的作用主要包括以下三个方面：

（1）实施审计原则为评价审计工作质量提供了衡量尺度。审计工作的质量与维护被审计单位、社会公众的利益以及提高审计职业的社会地位都有直接的关系，无论是被审计单位、社会公众还是审计职业本身都需要有一个衡量评价审计工作质量的标准。审计原则对审计人员的任职条件、业务能力和执行审计业务应遵循的规范都做了全面规定，这就为对审计人员和审计过程中的专业行为的评价提供了尺度，只要审计人员遵照审计原则的规定去执行业务，审计工作质量就有保证，可以通过对审计人员是否遵守审计原则的检查评价审计工作质量。

（2）实施审计原则有利于维护审计人员的正当权益。审计原则中规定了审计人员的工作范围，审计人员只要能严格地按照审计原则的要求执业，就算是尽到了责任。有了审计原则，当审计委托人与审计人员发生纠纷并诉诸法律时，审计原则就成为法庭判明是非、划清责任界限的重要依据。这样既有利于维护委托人的合法权益，也有利于保护审计人员，使他们免受不当或过分的指责。

（3）实施审计原则可以赢得社会公众对审计工作的信赖。审计原则的制定和实施反映着审计职业的成熟。许多国家正式颁布审计原则后，审计职业的声望都大大提高了。审计原则表明审计工作是按一定的规范来进行的，其结论是可以信赖的。

（二）审计原则的基本内容

我国的审计原则包括国家审计原则、内部审计原则和注册会计师执业原则体系三个方面：

1. 国家审计原则

我国的国家审计原则是审计法律规范体系的重要组成部分，是全面落实《中华人民共和国审计法》，实现审计工作法制化、制度化和规范化的重要手段，能够起到提高审计质量、规范审计行为、明确审计责任等重要作用。

目前，我国最新的国家审计原则是审计署2010年重新修订的《中华人民共和国国家审计准则》（中华人民共和国审计署令第8号），并于2011年1月1日起施行。国家审计准则共分为七章，除了总则和附则以外，主要内容为审计机关和审计人员、审计计划、审计实施、审计报告以及审计质量控制和责任。

2. 内部审计原则

内部审计原则是用来规范内部审计人员执行审计业务、出具审计报告的专业标准，是内部审计人员进行审计的行为规范。内部审计原则有利于提高内部审计质量，维护内部审计人员权益，发挥内部审计的作用。

我国的内部审计原则是内部审计工作规范体系的重要组成部分，由内部审计基本原则、内部审计具体原则和内部审计实务指南三个层次组成。

3. 注册会计师执业原则体系

为了规范注册会计师的执业行为、提高执业质量、维护社会公众利益，财政部于2006年颁布了新的注册会计师执业原则体系。新的原则体系根据注册会计师新的发展现状，将中国注册会计师执业原则体系分为三个部分：鉴证业务原则、相关服务原则和会计师事务所质量控制原则，从内容上充分体现了与国际接轨的趋向。

二、审计职业道德准则

注册会计师为实现执业目标，必须遵守一些基本准则，具体包括诚信、独立性、客观和公正、专业胜任能力和应有的关注、保密、良好的职业行为。

（一）诚信

诚信是指诚实、守信。也就是说，一个人的言行与内心思想一致，不虚假，能够履行与别人的约定而取得对方的信任。诚信原则要求注册会计师应当在所有的职业关系和商业关系中保持正直和诚实，秉公处事、实事求是。

注册会计师若认为业务报告、申报资料或其他信息存在三个问题，则不得与这些有问题的信息发生牵连：第一，含有严重虚假或误导性的陈述；第二，含有缺乏充分依据的陈述或信息；第三，存在遗漏的信息。

在审计、审阅或其他鉴证业务中，可能会导致上述三个问题出现的事项有五个方面：第一，引起重大风险的事项，如违法行为；第二，财务信息存在重大错报而客户未对此做出调整或反映；第三，导致在实施审计程序时出现重大困难的情况，例如，客户未能提供充分、适当的审计证据，注册会计师难以做出结论性陈述；第四，与会计准则或其他相关规定的选择、应用和一致性相关的重大发现和问题，而客户未对此在其报告或申报资料中反映；第五，在出具审计报告时，未解决的重大审计差异。

注册会计师若注意到已与有问题的信息发生牵连，应当采取措施消除牵连。在鉴证业务中，若注册会计师依据执业准则出具了恰当的非标准业务报告，不被视为违反上述要求。

（二）独立性

独立性是指不受外来力量控制、支配，按照一定之规行事。独立性原则通常是对注册会计师，而不是非执业注册会计师提出的要求。在执行鉴证业务时，注册会计师必须保持独立性。在市场经济条件下，投资者主要依赖财务报表判断投资风险，在投资机会中做出选择。如果注册会计师不能与客户保持独立性，而是存在经济利益、关联关系，或屈从于外界压力，就很难取信于社会公众。

传统观点认为，注册会计师的独立性包括实质上的独立和形式上的独立两个方面。国际会计师联合会职业道德守则要求执行公共业务的职业会计师（执业注册会计师）保持实质上的独立和形式上的独立。

注册会计师执行审计和审阅业务以及其他鉴证业务时，应当从实质上和形式上保持独立性，不得因任何利害关系影响其客观性。会计师事务所在承办审计和审阅业务以及其他鉴证业务时，应当从整体层面和具体业务层面采取措施，以保持会计师事务所和项目组的独立性。

（三）客观公正

客观是指按照事物的本来面目去考察，不添加个人的偏见。公正，指公平、正直、不偏袒。客观和公正原则要求注册会计师应当公正处事、实事求是，不得由于偏见、利益冲突或他人的不当影响而损害自己的职业判断。如果存在导致职业判断出现偏差，或对职业判断产生不当影响的情形，注册会计师不得提供相关专业服务。

（四）专业胜任能力以及应有的关注

专业胜任能力和应有的关注原则要求注册会计师通过教育、培训和职业实践获取和保持专业胜任能力。注册会计师应当持续了解并掌握当前法律、技术和实务的发展变化，将专业知识和技能始终保持在应有的水平，确保为客户提供具有专业水准的服务。

注册会计师作为专业人士，在许多方面都要履行相应的责任，保持和提高专业胜任能力就是其中的重要内容。专业胜任能力是指注册会计师具有专业知识、技能和经验，能够经济、有效地完成客户委托的业务。注册会计师如果不能保持和提高专业胜任能力，就难以完成客户委托的业务。一个合格的注册会计师，不仅要充分认识自己的能力，对自己充满信心，更重要的是，必须清醒地认识到自己在专业胜任能力方面存在的不足。如果注册会计师不能认识到这一点，承接了难以胜任的业务，就可能给客户乃至社会公众带来不利。

注册会计师在应用专业知识和技能时，应当合理地运用职业判断。专业胜任能力可分为两个独立阶段：第一，专业胜任能力的获取；第二，专业胜任能力的保持。注册会计师应当持续了解和掌握相关的专业技术和业务的发展，以保持专业胜任能力。持续职业发展能够使注册会计师发展和保持专业胜任能力，使其能够胜任特定业务环境中的工作。

应有的关注要求注册会计师遵守执业准则和职业道德规范要求，勤勉尽责，认真、全面、及时地完成工作任务。在审计过程中，注册会计师应当保持职业怀疑态度，运用专业知识、技能和经验，获取和评价审计证据。同时，注册会计师应当采取措施以确保在其授权下工作的人员得到适当的培训和督导。在适当情况下，注册会计师应当使客户、工作单位以及专业服务或业务报告的其他使用者了解专业服务的固有局限性。

（五）保密

注册会计师能否与客户维持正常的关系，有赖于双方能否自愿而又充分地进行沟通和交流，不掩盖任何重要的事实和情况。只有这样，注册会计师才能有效地完成工作。注册会计师与客户的沟通，必须建立在为客户信息保密的基础上。这里所说的客户信息，通常是指涉密信息。一旦涉密信息被泄露或被利用，往往会给客户造成损失。因此，许多国家规定，在公众领域执业的注册会计师在没有取得客户同意的情况下，不能泄露任何客户的涉密信息。

保密原则要求注册会计师应当对在职业活动中获知的涉密信息予以保密，不得有两种行为：第一，未经客户授权或法律法规允许，向会计师事务所以外的第三方披露其所获知的涉密信息；第二，利用所获知的涉密信息为自己或第二方谋取利益。

注册会计师在社会交往中应当履行保密义务。应当警惕无意泄密的可能性，特别是警惕无意中向近亲属或关系密切人员泄密的可能性。另外，注册会计师应当对拟接受的客户或接受雇的工作单位向其披露的涉密信息保密。在终止与客户或工作单位的关系之后，注册会计师仍然应当对职业关系或商业关系中获知的信息保密。如果变更工作单位或获得新客户，注册会计师可以利用以前的经验，但不应利用或披露以前职业活动中获知的涉密信息。注册会计师应当明确在会计师事务所内部保密的必要性，采取有效措施，确保其下级员工以及为其提供建议和帮助的人员遵循保密义务。

注册会计师可以披露涉密信息的情况有五种：第一，法律法规允许披露，并且取得客户或工作单位的授权；第二，根据法律法规的要求，为法律诉讼、仲裁准备文件或提供证据，以及向有关监管机构报告发现的违法行为；第三，法律法规允许的情况下，在法律诉讼、仲裁中维护自己的合法权益；第四，人们接受注册会计师协会或监管机构的执业质量检查，答复其询问和调查；第五，法律法规、执业准则和职业道德规范规定的其他情形。

（六）良好的职业行为

注册会计师应当遵守相关法律法规，避免发生任何损害职业声誉的行为。注册会计师在向公众传递信息以及推介自己和工作时，应当客观、真实、得体，不得损害职业形象。

注册会计师应当诚实、实事求是，不得有的行为有两种：第一，夸大宣传提供的服务、拥有的资质或获得的经验；第二，贬低或无根据地比较其他注册会计师的工作。

第六节　审计业务质量控制原则分析

执业质量是会计师事务所的生命线，是注册会计师行业维护公众利益的专业基础和诚信义务。加强业务质量控制制度建设，制定并实施科学、严谨的质量控制政策和程序，是保障会计师事务所执业质量、实现行业科学健康发展的重要制度保障和长效机制。会计师事务所应当按照《会计师事务所质量控制准则第5101号——业务质量控制》的要求，建立和健全本所的业务质量控制制度。

一、审计业务质量控制的目标与要素

会计师事务所应当根据会计师事务所质量控制准则，制定质量控制制度，以合理保证会计师事务所及其人员遵守职业准则和适用的法律法规的规定；合理保证会计师事务所和项目合伙人出具适合具体情况的报告。

会计师事务所应当针对六个方面制定质量控制制度：第一，对业务质量承担的领导责任；第二，相关职业道德要求；第三，客户关系和具体业务的接受与保持；第四，人力资源；第五，业务执行；第六，监控。

二、对审计业务质量承担的领导责任

会计师事务所应当制定政策和程序，培育以质量为导向的内部文化。首先，这些政策和程序应当明确会计师事务所主任会计师对质量控制制度承担最终责任，从而在制度上保证质量控制制度的地位和执行力；其次，在实务中，会计师事务所需要建立与业务规模相匹配的质量控制部门，以具体落实各项质量控制措施。质量控制措施的实施，一部分可能由专职的质量控制人员执行；另一部分可能由业务人员或职能部门的人员执行。

（1）行动示范与信息传达。会计师事务所的领导层及其做出的示范对会计师事务所的内部文化有重大影响，在某种程度上比控制制度更有影响力。各级管理层通过培训日、研讨会、谈话、发表文章等途径，能够清晰、一致地进行行动示范和信息传达，强调质量控制政策和程序的重要性，并明确所有业务要严格按照法律法规、相关职业道德的要求和业务准则的规定执行工作，并且要根据具体情况出具恰当的报告。

（2）建立质量至上意识。会计师事务所的领导层应当树立质量至上的意识。首先，要认识到其经营策略应当满足会计师事务所执行所有业务都要保证质量这一前提条件；其次，在针对员工设计的有关业绩评价、工薪及晋升（包括激励制度）的政策和程序时，应当表明会计师事务所最重视的是质量，以形成正确的行为导向；最后，应当投入足够的资源制定（包括修订）和执行质量控制政策及程序，并形成相关文件记录，这对实现质量控制目标也有着直接的重大影响。

具体的措施包括三个方面：第一，合理确定管理责任，以避免重商业利益轻业务质量；第二，建立以质量为导向的业绩评价、工薪及晋升的政策和程序；第三，投入足够的资源制定和执行质量控制政策和程序，并形成相关文件记录。

（3）委派质量控制制度运作人员。会计师事务所主任会计师对质量控制制度承担最终责任。为保证质量控制制度的具体运作效果，主任会计师必须委派具有足够、适当的经验和能力以及必要权限的人员帮助其正确履行职责。

三、审计业务质量的相关职业道德要求

会计师事务所应当制定政策和程序，以合理保证会计师事务所及其人员在执行任何类型的业务时，都要遵守相关职业道德要求，不仅包括遵守职业道德的基本原则，如诚信、独立性、客观和公正、专业胜任能力和应有的关注、保密、良好职业行为等，还包括遵守有关职业道德的具体规定。

（一）相关职业道德的具体措施

会计师事务所制定的政策和程序应当强调遵守相关职业道德要求的重要性，并通过必要的途径予以强化。

（1）会计师事务所领导层的示范。领导层应在会计师事务所内形成重视相关职业道德要求的氛围，可通过电子邮件、信件和记录等，在专业发展会议上或在客户关系和具体业务的接受与保持以及业务执行过程中，将相关政策和程序传达给会计师事务所员工，并要强调诚信、独立性、客观和公正等职业道德基本原则的重要性。

（2）监控。会计师事务所可以通过定期检查，监督会计师事务所相关职业道德要求的政策和程序设计是否合理、运行是否有效，并采取适当行动，改进其设计和解决运行中存在的问题。

（3）教育和培训。会计师事务所应向所有人员提供适用的专业和法律文献，并希望所有人员熟悉这些文献。会计师事务所还应要求所有人员定期接受职业道德培训，这种培训既可涵盖会计师事务所相关职业道德要求的政策和程序，也可涵盖所有适用的法律法规中有关职业道德的要求。

（4）对违反相关职业道德要求行为的处理。会计师事务所应当制定处理违反相关职业道德要求行为的政策和程序，指出违反相关职业道德要求的后果，并据此对违反相关职业道德要求的个人及时进行处理。会计师事务所可以为每位员工建立职业道德档案，记录个人违反相关职业道德要求的行为及其处理结果。

（二）满足相关职业道德的独立性要求

会计师事务所应当制定政策和程序，以合理保证会计师事务所及其人员（包括雇用的专家和其他需要满足独立性要求的人员）保持相关职业道德要求规定的独立性。具体要求有三点：第一，项目合伙人向会计师事务所提供与客户委托业务相关的信息，以使会计师事务所能够评价这些信息对保持独立性的总体影响；第二，会计师事务所人员及时向会计师事务所报告对独立性产生不利影响的情况和关系，以便会计师事务所采取适当行动；第三，会计师事务所收集相关信息，并向适当人员传达。例如，会计师事务所可以编制并保

留禁止本所人员与之有商业关系的客户清单，并将清单信息传达给相关人员，以便其评价独立性。会计师事务所还应将清单的任何变更及时告知会计师事务所人员。

同时，会计师事务所还应当制定政策和程序，以合理保证能够获知违反独立性要求的情况，并采取适当行动予以解决，具体包括三点要求：第一，会计师事务所人员将注意到的违反独立性要求的情况立即告知会计师事务所；第二，会计师事务所将识别出的违反这些政策和程序的情况，立即传达给需要与会计师事务所共同处理这些情况的项目合伙人、需要采取适当行动的会计师事务所和网络内部的其他相关人员以及受独立性要求约束的人员；第三，项目合伙人、会计师事务所和网络内部的其他相关人员以及受独立性约束的其他人员，在必要时立即向会计师事务所报告他们为解决有关问题所采取的行动，以使会计师事务所能够决定是否应当采取进一步的行动。

（三）获取相关职业道德的书面确认函

会计师事务所应当每年至少一次向所有需要按照相关职业道德要求保持独立性的人员获取其遵守独立性政策和程序的书面确认函。当有其他会计师事务所参与执行部分业务时，会计师事务所也可以考虑向其获取有关独立性的书面确认函。

书面确认函既可以是纸质的，也可以是电子形式的。通过获取确认函以及针对违反独立性的信息采取适当的行动，会计师事务所可以表明其强调保持独立性的重要性，并使保持独立性的问题清楚地展示在会计师事务所人员面前。

（四）防范关系密切对相关职业道德产生的不利影响

为了防范同一高级人员由于长期执行某一客户的鉴证业务可能造成的亲密关系对独立性产生的不利影响，会计师事务所应当制定以下两条政策和程序：

第一，明确标准，以确定长期委派同一名合伙人或高级员工执行某项鉴证业务时，是否需要采取防范措施，将因密切关系产生的不利影响降至可接受的水平。

第二，对所有上市实体财务报表审计业务，按照相关职业道德要求和法律法规的规定，在规定期限届满时轮换合伙人、项目质量控制复核人员以及受轮换要求约束的其他人员。

第二章 基础理论视角下的审计理论框架

第一节 审计理论框架的逻辑起点理论分析

一、审计理论框架的逻辑起点

从哲学的角度而言,逻辑起点指从抽象上升到具体全过程的出发点的概念、范畴或判断,也叫上升的起点。逻辑起点是构造一门学科理论体系的出发点或建基点,是该学科理论体系中最基本、最抽象、最简单的一个理论范畴,逻辑起点对该学科其他理论要素的建立和发展以及整个理论体系的构造均有着决定性作用。不同学者研究范式的差异,导致对逻辑起点存在不同见解。

理论界存在着审计本质起点论、审计动因起点论、审计对象起点论、审计职能起点论、审计目标起点论、审计假设起点论、审计环境起点论、哲学基础起点论、理论基础起点论、财务责任起点论以及目标与假设双重起点论、审计性质与目标双重起点论、环境与目标双重起点论、生产力与生产关系起点论等多种不同观点。总之,审计理论研究的逻辑起点有总起点和分支起点之分。

二、审计要素观与审计要素论

(一)审计要素观

1. 审计假设观

审计假设观,又称为审计假设导向型起点论。审计假设观是从审计假设出发,在审计假设的基础上推导出审计原则,然后用它们来指导审计准则,审计假设和审计准则共同构成了审计理论结构的理论基础和概念体系。审计假设是构造系统审计理论结构的基础,也是审计科学发展的前提。审计假设是建立审计理论结构的基石、理论研究的基本要素、推理论证的原始命题。

2. 审计环境观

审计环境起点论认为审计的产生和发展始终受环境的影响和支配。审计环境可分为审计外环境和审计内环境。审计外环境是指所处的社会环境中对审计实践有影响的社会、政治、经济和法律环境，它决定了审计目标，从而决定了对审计报告的要求，进一步影响着审计程序和审计方法。审计内环境是指在审计的发展过程中审计人员价值观念、审计思想、审计文化、审计工作内容等。审计环境观决定着审计的本质，从而决定了审计的职能，进一步决定着审计程序和方法。审计本质、审计职能、审计目标等最终统一在特定时空条件下的审计环境中。

构建审计理论结构应以审计环境为起点，审计环境具有高度的综合性，包含了审计实践的全部内容，孕育着审计理论要素的全部"胚胎"；从审计环境出发构建审计理论结构，可以揭示审计发展过程的全部因素和发展规律，从而具有全面性、完整性，是比较科学的审计理论结构。审计理论结构是以审计环境理论为起点和终点。审计理论结构分为三个层次，第一个层次是审计的外环境和内环境。

审计内环境与外环境有机的总和，审计内环境决定审计的本质，从而决定审计职能；审计外环境决定审计目的。审计目的、审计本质、审计职能与审计目标最终统一在特定时空条件下的审计环境中。审计理论研究的逻辑起点应为审计环境，以此为起点构建的审计理论体系可以揭示审计发展过程中的全部因素和客观规律，从而是全面的、完整的审计理论体系。它还提供了以审计环境为逻辑起点的审计理论体系图示。

传统的审计理论结构要素包括审计目的、审计公设、审计概念、审计规则、审计技术。审计理论结构要素还应增加审计环境和审计风险两个要素，据此重新构建审计理论结构框架，将审计理论研究建立在审计环境之上，只有这样才能更加科学地研究审计理论结构。

审计环境是促进审计理论完善和发展的动力和源泉，审计外环境决定着审计动因，进而决定着审计目标；审计本质与职能、审计动因与目标统一在人类社会生产实践活动中，统一在特定时空条件下的审计环境中。与此同时，环境对审计系统会产生多方面的效应，表现内容有四点：第一，影响审计系统的目标实现与修订，或造成不能实现审计系统的目标；第二，影响审计要素结构，使系统的审计人员、审计程序、审计方法、审计报告的关系等发生变化；第三，影响审计系统的稳定，使审计系统保持协调关系；第四，审计组织体系会随着经济发展水平、经济体制变化而相应做出调整，审计系统对环境的适应，遵从环境对审计系统的各种要求运行等。

3. 审计对象观

审计对象观认为，审计之所以能独立成科，首先在于它有区别于其他学科（特别是会计学和其他经济监督学科）的研究对象。审计理论的研究只有从人们在生产活动中所形成的受托经济责任关系入手，才能体现审计对象与审计本质、职能、方法等之间的逻辑关系。明确审计理论的研究对象是决定审计理论的结构、内容，是进一步研究审计本质、目的、方法的前提条件。人们应该以审计对象（受托经济责任）为研究起点。

4. 审计本质观

审计本质观又称审计本质导向型。这种观点是从审计本质出发，根据审计对象、审计职能，演绎、归纳出审计原则和审计准则。其流程可大致表示为：审计本质—审计对象—审计职能—审计原则—审计准则。国内审计理论研究，大多选择审计本质作为逻辑起点，进而阐述审计对象、审计属性、审计职能、审计作用、审计任务和审计方法等一系列理论问题。只有准确地揭示事物的本质，才能把握审计理论的发展方向，只要正确地确立了审计的本质，也就顺理成章地确立审计理论结构，离开具体的对象，客观的职能（任务和作用从属于职能）就无从产生。

由于"审计本质"纯理论性太强，因而造成按"审计本质"为逻辑起点构建的审计理论结构与审计实务相脱节，不能正确反映审计理论对实践的指导作用，即基础的审计理论研究远远超越实践，而应用性审计理论研究又远远落后于审计实务。

审计本质观普遍认为，只有在审计本质的前提下，才可以演绎推理出审计目标、审计假设、审计准则等其他审计要素。

5. 审计目标观

审计目标是指在一定历史条件下，审计主体通过审计实践活动所期望达到的结果。境地审计目标观也称为审计目标导向型起点论。这种观点是从审计目标出发，然后研究作为信息传递手段的审计报告的构成要素等问题。任何领域的研究都要确定其研究的界限和目标。审计研究如果没有审计目标，便无从下手，研究也就没有意义。其他审计要素也最终都是围绕审计目标而展开的，并为审计目标而服务。目标是一切工作的出发点。审计目标是整个审计监督系统的定期机制。以审计目标作为审计理论研究的起点是当前最为盛行的，它是受会计研究目标导向的影响而出现的。

人们从逻辑学、审计运行、系统论和审计理论性质四个角度论证了审计目标起点论，认为审计目标是整个审计监督系统运行的定向机制，不仅是审计理论研究中的首要组成部分，也是审计实践中起决定性方向作用的客观因素，制约和影响审计工作的所有方面，控制着审计工作的各个环节和整个过程。

审计目标是整个审计理论结构中最基本也是最重要的要素，是所有审计理论中的最初出发点。它不仅决定了审计的性质、职能，而且也决定、影响整个审计程序与方法，它是审计存在的基础。审计的存在，就是为了完成某一特定目标，审计其他组成部分，都是根据这些特定目标而设置的。所以，只有提出审计目标，才能将其他各个理论部分有机地结合起来。根据现代审计的特征，实事求是地确定审计目标，将能为整个审计理论结构奠定坚实的基础。

（二）审计要素论

审计要素论又称为两元或多元导向型，审计理论结构逻辑起点有多个。例如："审计环境+审计本质"论、"审计本质+审计目的"论、"审计环境+审计目标"论；其他的多元论包括"审计目标+审计假设"论、"审计本质+审计假设"论、"审计本质+审计目标+审计假设"论等。

除了上述观点，还有抽象科学核心论、审计关系论、信息认证观、审计前提论和产权动因论也属于审计要素论。

第二节 审计理论框架构成要素分析

一、审计理论框架分析

审计理论框架应该以审计目的为指导，以审计公设为基础，加上各种审计概念（包括性质、对象、职能等）。其所构建的审计理论结构可以表示为：审计目的—审计假设、审计基本概念—审计标准—审计计划和方案—审计证据—审计报告。

审计技术准则指的是审计实务、程序和技术方法的理论总结。审计职业道德准则是指审计人员非技术行为中，对审计结论可能产生重大影响的一些职业行为要求。审计职业道德准则与审计技术准则是一个相互依赖的审计理论结构要素，它们共同构成了审计理论结构的重要内容。根据审计目标及假设、职业行为准则，可以减少、排除职业行为引起的风险与失误。审计质量特征是制约审计全过程的重要要素。审计质量特征包括充分披露与成本效益原则两个方面。

审计理论框架被称为"审计基础理论知识"，由纯粹理论性的基本范畴、规律和原始命题构成，能对某一审计研究的领域提供统一的解释和说明的知识。审计职能对审计任务具有制约作用；审计的目的直接决定着审计的职能和任务；审计的职能具有很大的社会性，审计的性质取决于不同历史时期下的社会制度以及生产关系。

审计职能从多个方面受制于审计基础，审计的性质总是由审计职能来决定。审计的特点是在审计职能基础上产生的。审计职能总是决定着审计的基本特点，审计性质在不同时期对审计特点也有一定影响。审计的种类是依据审计的特点进行划分所产生的结果。审计任务一旦提出，审计的各个基本要素按一定方式组合之后，经过系统运行，就得出了审计工作的最终成果（审计报告）。完成审计任务的工作过程，是审计人员利用审计工具对审计对象在一定审计规范下以适用的审计标准进行衡量、对比、分析评价和报告的过程。审计基础理论知识中，还包括：有关审计人员、审计工具、审计对象、审计准则以及审计标准等审计要素的各种知识，审计的作用即为审计工作完成后，审计报告作为审计产品提供给有关部门所形成的审计工作的社会效应。

从审计理论的层次方面构建审计理论结构，上层为审计基础理论，中层为审计对象应用理论，下层为审计主体管理理论，应用理论主要用于对审计对象实施有效审计和对审计主体实施有效管理。审计基本理论包括审计本质理论、审计主体理论、审计目标理论、审计规范理论、审计方法理论、审计环境理论；对象应用理论应包括对审计对象实施具体审计的理论；审计主体管理理论是对审计主体实施有效管理的理论。

审计环境是审计理论研究的逻辑起点。审计目的、审计本质、审计职能与审计目标最终统一在特定时空条件下的审计环境中。审计基本理论相对于审计应用理论而言相对稳定，但随着审计目的的变动以及人们对审计认识的加深，也应做适当调整，以适应变化的环境。审计目标既是审计应用理论的起点（理论基点），也是审计基本理论的终点、连接审计基本理论和应用理论的关键结合点，起承上启下的作用。它是审计目的与审计职能相互融合的部分。审计基本理论的起点是审计本质。审计假设是审计基本理论的基石，审计基本概念和基本原理由审计假设推导而来。

审计理论框架可分为五层：第一，审计关系和审计的本质；第二，审计的概念群（包括审计目的、职能、对象、目标、要素、作用、任务、定义等）；第三，审计假设和审计原则；第四，审计准则；第五，审计组织体系及方法论。

审计基本理论的研究，对指导实践更具有全局的、长远的和超前的意义。20世纪80年代初审计制度建立以来，我国审计理论建设还处于初级阶段，审计理论研究滞后于实际，已有的研究成果尚不足以形成一个完整的理论体系。审计本质作为审计理论结构的建基点，列为第一层次；独立性是审计的特有属性。实现审计的目标，是从事审计活动的出发点和落足点、从审计本质推论出的审计目标，在审计理论结构中居于重要的地位，它制约着审计假设前提、审计原则和审计准则诸要素。审计假设的设定，为实现审计目标而确定了前提条件，并可从中引申出与实务有关的概念。

审计原则包括：独立性原则、依法审计原则、证实原则、重要性原则、职业谨慎原则、成本效益原则。审计准则包括职业道德规范、审计业务规范，应该体现审计目标的要求，以在审计假设前提和审计原则规定出审计人员执业时应予遵守的职业道德规范和实务规范。

人们在以审计本质起点论和五要素论为基础的审计理论结构模式的基础上，运用历史的逻辑归纳方法和演绎的方法等科学审计理论结构构建方法，将审计假设分为两部分：第一，审计存在假设和业务假设，分别作为审计本质和目标、审计职业规范的演绎前提；第二，将审计原则与审计准则两个要素合并为审计职业规范一个要素。然后得到完善后的审计理论结构。

审计目标是审计理论结构中最基本、最重要的要素，它对其他要素起决定和制约作用；审计假设是为实现审计目标而建立的前提条件；审计原则是在审计假设的基础上制定的开展审计的一般原则；审计准则是审计原则的具体化。因此，审计目标决定审计假设、审计假设决定审计原则、审计原则决定审计准则，从而形成一个相对有序的过程；另外，审计假设、审计原则、审计准则对审计目标的确立也具有一定的影响作用。其他要素不同程度地反映着审计的本质，所以审计本质可以由这些要素抽象概括出来，而且这些要素的发展变化对审计的本质也有一定影响；同时，审计本质是审计的固有属性，是不以人的意志为转移的，它对其他要素的确立具有决定、制约和指导作用。

审计理论框架包括五个主要内容：第一，审计动因的理论，导出审计理论定义和受托责任等基本概念；第二，审计主体的理论，导出独立性等基本概念；第三，审计客体的理论，导出审计对象等基本概念；第四，审计主客体关系的理论，导出审计职能、委托和授权等基本概念；第五，审计运行的理论，导出审计目标、审计规范、审计证据、审计依据、审计程序、审计结果等基本概念，并进一步衍生出独立性、职业谨慎、重要性、审计风险、内部控制、测试等重要概念。

二、审计理论框架要素与体系

（一）审计理论框架要素

审计理论结构所涉及的理论要素有29种之多，具体包括：审计学要素；审计假设；审计概念；审计规则；实际运用；审计目标；审计准则；审计技术方法；审计过程；定理；结构（模式）；审计原则；审计信息；审计规范；审计控制；审计程序；审计方法；审计质量特征；审计证据；审计报告；审计职能；审计任务；审计工作组织；审计对象；审计作用；审计环境；审计程序和方法；审计实施（证据收集）；审计目的。

审计理论要素包括：审计的基本概念、审计的目标、审计的任务、审计的职能、审计的作用、审计的准则、审计的性质、审计的特点、审计的要素、审计的标准、审计的对象、审计的工具、审计人员的任职条件。

审计理论框架应该由审计目标、审计公设和审计概念（包括性质、对象、职能等）组成。审计理论框架由审计本质、审计假设、审计目标、审计规划、审计信息和审计控制手段与方式这六个要素组成。

目标导向审计理论存在着广泛的实践基础与可靠的科学依据：审计目标导向下，不同表现形式的审计理论体系（如审计对象分野的审计理论体系、审计职能分野的审计理论体系和统一的审计理论体系）具有客观性。

（二）审计理论框架体系

审计理论知识与审计实践知识对称，包括：审计基础理论知识、审计组织理论知识、审计操作理论知识、审计控制理论知识四个部分。审计基础理论知识相当于审计理论结构。审计组织理论知识包括关于审计机构的理论知识、关于审计工作协调的理论知识。审计操作理论知识包括关于审计程序的理论知识、关于审计证据的理论知识和关于审计方法的理论知识。审计控制理论知识包括审计机构内部控制的理论知识和审计机构外部控制的理论知识。

审计机构内部控制的理论知识涉及内部管理制度、实行工作职能的分工与牵制、配备合格的工作人员、设置考评复审岗位、健全岗位负责制以及强化记录资料管理等问题。审计机构外部控制的理论知识涉及国家法令控制、社会舆论控制、被审计单位信息反馈控制以及行政监察控制等问题。

审计理论基础是母体科学到审计学理论的中介，是审计科学与相邻有关学科的交叉点，是科学理论之间转化的"关节点"。审计理论基础是研究审计理论的逻辑起点，繁衍出其他各种审计理论的基础。以管理控制论为主体，包括：马克思主义哲学、政治经济学以及民主与法制的理论。审计基础理论是审计理论基础结合审计工作状况、借用逻辑思维推演出来的，它可以通用于任何审计活动的各种具有普遍指导性的审计理论，是审计理论的精髓。审计原理是指那些依据审计概念所建立的具有本质规定性的本源性审计理论，包括：审计目的、审计职能、审计作用、审计标准等。审计应用理论包括审计组织理论、审计操作理论、审计控制理论；进一步则可以划分为审计作业规程、实施性的审计规范、审计工作步骤、审计技术方法、审计政策与战略研究等方面的理论。

审计理论体系包含三个层次和三种类型。三个层次是：第一，审计的概念，如定义、职能、目标和任务等，审计的概念为开展审计活动指明方向；第二，审计关系，审计关系为制定审计工作秩序提供理论依据；第三，审计要素，如审计标准、审计行动、审计结果等，审计要素为开展审计工作奠定理论基础。三种类型是：第一，审计基本理论，阐明审计的基本概念；第二，审计组织理论，阐明审计主客体关系及如何建立审计监督制度；第三，审计业务理论，阐明审计标准、审计证据和审计报告以及证据取得方法。

审计理论体系也称为审计理论框架，由审计基础理论、审计系统结构理论、审计控制理论、审计测试理论、审计方法理论、专业审计理论和审计发展理论七个部分组成。审计的基础理论涉及本质、目标和公设。审计系统结构理论包括审计主体结构与审计客体结构理论。审计控制理论涉及审计质量、审计责任、审计方式与方法、内部控制、审计原则（独立性、客观性、公正性、权威性、专业性和谨慎性）、审计准则、审计标准、审计效益、审计成本及其控制、审计风险等。审计测试理论涉及内部控制与审计范围的分析。审计方法理论涉及审计施行程序和审计的技术手段。专业审计理论涉及审计主体与客体的结合。审计发展理论涉及审计的产生、发展与变革思路的理论，主要阐明审计系统运作与发展的规律与趋势，内容包括审计的产生本源、中外审计发展史、审计与经济环境的相互作用与相互联系方式，审计与会计、行为科学、法律之间的关系，审计主产业与社会经济活动的权责结构关系等。

人们将审计理论体系（或审计理论体系结构、审计理论结构）分为三个层次，即审计基础理论、审计应用理论和审计发展理论。审计基础理论是研究审计本质、一般规律或基本原理，探求能揭示审计实践普遍本质和发展规律的知识体系，在审计理论体系中处于基础地位，其科学水平决定着审计理论体系的水平。审计应用理论是审计基础理论在具体审计实践中运用的知识体系，是关于处理具体审计工作时应遵循的原理、原则、程序和方法的知识体系；审计应用理论是审计基础理论在应用研究与建设上的反映，包括审计发展史理论和审计创新理论，审计发展史理论研究审计的产生、发展的历史，审计创新理论研究审计环境创新、审计理论和观念创新、审计体制创新、审计主体素质优化、审计内容创新和审计实务拓展、审计方法手段创新、审计管理创新等问题。

审计基础理论体系由审计产生的根本动因理论、审计环境理论、审计学基本概念体系、审计工作基本概念体系组成。审计环境理论包括：社会经济制度与审计的关系理论、法律制度与审计的关系理论、会计制度与审计的关系理论、企业制度与审计的关系理论、科技进步与审计的关系理论。审计学基本概念体系是审计基本理论的核心、构建审计科学的框架，具体内容包括审计的定义（或本质）、审计对象、审计职能、审计目标、审计假设；审计工作基本概念体系包括独立性、证据、道德行为、合理的职业谨慎或应有的审计关注和公允反映（或表达）。

审计理论体系由审计理论的逻辑起点、前提与导向，审计基本理论，审计规范理论，审计应用理论和审计相关理论五个层次所组成。首先，审计环境是审计理论研究的逻辑起点；其次，审计假设是审计理论研究的前提；最后，审计目标是审计理论和实务的导向。审计基本理论是指，可以通用于任何独立审计活动的各种具有普遍指导性的审计理论，是审计理论的精髓，由审计原因、审计概念体系、审计性质、审计主体、审计客体、审计职能、审计原则等构成。审计规范理论是指在审计基础理论指导下按照审计实践的基本规律而建立的一种审计理论，由审计职业技术规范理论、审计质量控制规范理论和审计职业道德规范理论等内容所构成。审计应用理论是旨在指导审计实务、提供操作指南的审计理论，包括审计组织理论、审计操作理论和审计控制理论三个有机部分。其中，审计操作理论又可分为一般审计业务操作理论和特殊审计业务操作理论两个方面。

一般审计业务操作理论是指由审计计划、审计程序、审计方法、审计证据、审计工作底稿以及审计报告等内容构成的基本体系；特殊审计业务操作理论是指由特殊目的业务审计、特殊行业业务审计和特殊性质业务审计等内容构成的基本体系。审计相关理论是从事审计理论研究和审计实践工作所必须具备的其他学科理论，主要包括哲学理论、系统科学理论、经济学理论、财务和会计理论、管理科学理论、计算机与网络技术理论等。

政府审计理论体系应以国家治理与国家经济安全为目标，以绪论、史论、法论、立论（基础理论）、实论、例论、综论和兼论为主体内容。绪论解决政府审计学术研究的成果归纳、整合的问题。史论主要解决政府审计理论体系史料、史鉴的问题。法论解决国家治理与国家经济安全目标导向的政府审计理论体系的法律支持及呼应的问题。立论是政府审计基础理论，也是政府审计理论体系的基石。实论解答政府审计实施国家治理、维护国家经济安全实际效能的问题。例论解决政府审计实施国家治理、维护国家经济安全的实战案例积累及经验总结与提升的问题。综论解答国家治理与经济安全视角下政府审计的制度优化、技术支撑和系统保障的问题。兼论解答国家治理、国家经济安全目标导向下政府审计理论体系的兼容并举，即与其他学科理论和其他领域实践、与国（境）外政府审计理论与实践的交叉融合、互动互鉴之命题。

人们还强调政府审计理论体系构建过程中四个重要的观点：第一，国家经济安全是相对的概念，安全不等于消除风险，追求绝对安全的成本扩张超越社会承受，反而会损害国家经济安全利益；第二，政府审计理论体系的构建须以国家审计与国家治理、国家审计具有经济社会免疫系统的学说为指导；第三，系统研究国家治理与国家经济安全的关系；第四，注重成本效能分析。

第三节 审计理论框架的构建路径研究

系统论出现之前，一般是把事物分解成若干部分进行分析，然后再以部分的性质去说明复杂事物。系统论的出现，使人类的思维方式发生了深刻的变化。系统论的基本方法就是把所研究和处理的对象，当作一个系统，分析系统结构和功能，研究系统、要素、环境三者的相互关系和变动的规律性。

系统是相互联系、相互作用的诸元素综合体。不论怎样的现实事物，要构成一个系统必须具备三个条件：第一，系统是由若干元素即系统的组成部分结合而成，单个元素不能构成系统；第二，元素和元素、元素和整体之间，相互联系、相互作用，从而形成系统的结构和秩序；第三，任何系统都有其特定的功能。

系统论认为：整体性、多元性、集合性、相关性、适应性、层次性、动态性和目的性是所有系统共同的基本特征。整体性是指系统由若干要素组成，要素和系统不可分割，系统是要素的有机集合而不是简单相加，系统整体的功能不等于各要素的功能之和，系统整体具有不同于各组成要素的新的功能和属性；多元性是指系统均由多个元素组成，称为多元素系统；集合性是指系统由若干个可以区别的元素组成，可以辨识系统的边界，划分系统的范围，明确系统的组成部分和内部结构；相关性是指系统中各元素之间都是彼此相关的；适应性是指系统对环境变化具有适应性，即反映为环境对系统功能的评价，即环境的满意性，也反映为系统本身是否能生存、发展，通过环境的选择来取舍；层次性是指一个复杂的系统都由若干个层次构成；动态性是指系统在时间上是有序的，在状态上是随着时间的变化而变化的，不是静止不变的；目的性是指系统具有某种功能，从而能达到一定的目的。

系统中元素之间相对稳定的一切联系方式称为系统结构，它是系统保持整体性以及具有一定功能的内在根据。系统结构具有五种特性：第一，结构的有序性，系统的结构无论在时间上还是空间上都是有规律的，都有一定的时空秩序；第二，结构的整体性，结构内部各个元素相互联系、相互作用形成了一个有机的整体，它对元素进行制约，使元素的性质和功能不同于它们在孤立存在时的性质和功能；第三，结构的稳定性，系统内部各元素稳定联系，才能构成稳定有序的结构，才能保持系统的整体性；第四，系统结构的层次性，系统是由一定的元素组成的，而这些元素中大都是由低一级的元素组成的子系统，并且系统本身又是高一级系统的组成元素；第五，系统结构的多样性，系统结构具有无限多样的形式，自然界如此丰富多彩、千姿百态、正是结构的多样性造成的。

系统结构与功能之间具有密切的关系，表现在三个方面：第一，结构与功能是相互依存的，结构是功能的基础，功能是结构的表现，一定的结构总是表现一定的功能，一定的功能总是由一定的系统结构产生的；第二，结构决定功能，同一群元素组成的系统，由于结构不同会表现出不同的功能；第三，功能可反作用于结构，在环境的变化影响下，结构虽未变化，但功能不断地变化，终究会引起结构的变化。

环境和系统之间存在密切的关系。环境提供了系统生存和发展的条件，对系统有资源和压力两种输入。环境给系统提供其生存发展所需要的空间、资源、激励或其他条件，是积极的作用、有利的输入，统称为资源。环境给系统施加约束、扰动、压力甚至危害系统的生存发展，是不利的输入，统称为压力。不同环境造就不同的系统。环境影响系统的结构选择，当环境变化到一定程度时，会影响系统的结构。系统在发展变化中有许多可能的结构状态，环境选择那个与自己相适应的结构状态，使之稳定，成为现实。环境影响系统的功能选择，环境的变化会影响系统的功能。环境能否满足系统的输入与输出要求，是系统能否发挥功能的重要条件。系统对环境也有功能和污染两种输出。给环境提供功能服务，是积极的作用、有利的输出，统称为功能。系统自身的行为，有时有破坏环境的作用，即不利的输出，称为对环境的污染。

系统的元素、结构、环境三者共同决定它的功能。系统功能由元素和结构来决定。首先，元素性能太差，不论结构如何优化，也发挥不出高的功能；其次，相同或相近的元素，按不同结构组织起来，系统的功能有优劣高低之分，甚至会产生性质不同的功能。从系统与环境的关联来看，同一系统对环境中的不同功能对象表现出不同的功能。功能对象选择不当，系统将无法发挥应有的功能。总之，元素、结构、环境三者共同决定系统的功能。

总之，系统论的基本思想概括为：世界上任何事物都可以看成是一个系统，系统是普遍存在的，人们应该把研究和处理的对象，当作一个系统，从整体上分析系统组成要素、各个要素之间的关系，以及系统与环境的相互关系和变动的规律性，根据分析的结果来调整系统的结构和各要素关系，使系统达到优化目标。

理论结构是一种观念形态，结是结合之意义，构是构造之意义，合起来理解就是理论的结合构造之意思。理论结构是理论系统内部各组成要素之间相互联系、相互作用的方式或秩序，也就是理论系统内部各要素之间的排列与组合形式。相对于理论结构而言的理论要素是指理论的组成部分。研究理论结构就是要确定理论应该由哪些部分组成及各部分之间合乎逻辑的内在联系。要构建理论结构，首先，需要确定理论的组成部分即要素；其次，研究它们之间的内在秩序或作用方式即内在逻辑联系；最后，按照这种联系将它们排列组合起来。

总体来说，根据系统论的基本思想，理论结构作为一个系统，最重要的问题有三个：第一，系统环境及其与系统之间的关系；第二，系统构成要素；第三，系统各要素之间的关系，即系统结构。

第三章 基础审计理论研究

第一节 审计假设理论研究

一、审计假设的认知与确立原则

（一）审计假设的认知

审计假设是审计理论体系的一个重要组成部分，也是审计理论结构赖以建立的基础，没有审计假设，整个审计理论结构的逻辑联系就失去基点。这是因为审计学科与其他所有学科一样，在本学科领域内也还存在着一些能感觉得到但还无法加以确证的最基本认识，这些最基本认识在审计实践中的不可或缺性，使其自然成为开展审计工作所必须具备的前提条件即审计假设。审计假设的正确性、有效性既需从以其为基础而进行的逻辑推理中得到验证，还需通过实践来加以验证。

审计假设又可称审计公设，是审计工作的前提，也是审计理论的基石，是制定审计准则的基本依据和基础，审计假设反映着某种情况下人们对客观事实或事物趋向的合理判断，是一种公认的公理。所谓的审计假设，是指根据特定审计对象，在变化不定的经济环境中，将最可能发生的经济关系作为使用审计手段与方法的前提条件。这些前提条件的姑且认定，就是审计假设。

审计假设是现代审计技术方法的基石，它使审计目标与审计技术方法的联系更符合逻辑。它成为审计目标与其他审计技术方法理论的中介。审计假设是社会经济的多变性及审计对象固有特征所引起的。审计总是在稳定的社会经济环境中，通过对审计对象实施一定的方式与手段，来达到审计的预定目标。然而，社会经济环境是变化莫测的，审计对象有其一定的特殊性。这就决定了要达到审计目标的手段与途经的多样性。因此，如何为审计人员所使用的方法、手段寻找依据，审计理论界就提出了审计假设的概念，审计假设在审计理论结构中的地位，仅次于审计目标。

审计假设说明的是审计是怎样产生的，它是联系审计本质、目标、职业规范三个要素的纽带，是人们进行审计理论演绎的前提，是对审计实践过程中存在的一些尚未被人们所确知或无法进行正面论证的事物，根据客观实际的正常情况或发展趋势所做出的合乎事理和逻辑的判断。

审计假设是对审计环境、审计实践中未能确切了解的事物或未知因素所做的合理的、合乎逻辑的假定，它是开展审计工作和做出审计结论的基本前提，也是建立审计原则和研究审计理论的逻辑起点。

（二）审计假设的确立原则

确立审计假设应该遵循抽象性、务实性、有效性等原则。研究和确立审计假设原则包括：吸收外国经验与国际接轨、以会计假设为参考与之协调、具有明显性和一致性。审计假设需要具有概括性、实用性、完整性、针对性、变动性。

审计目标是审计活动的出发点和归宿。审计目标对审计实践活动起着导向作用：审计目标是一定历史环境条件下的产物，但不同的审计主体在审计实践中的侧重点有所不同，因而形成不同的审计目标体系。设计审计目标要考虑审计环境、审计技术，树立正确的世界观、价值观，从哲学的高度把握审计目标的内涵，以正确的观念指导审计目标的设计，确立必要的原则，并在设计审计目标的实践中遵守这些原则。

二、审计假设的特征与意义

（一）审计假设的特征

审计假设体系的一致性，要求建立的审计假设本身是相应独立的，其中的任何一项假设不能是由审计假设体系中的其他假设加以推导。审计假设必须一致，即不是相互矛盾的，集中为三点：第一，假设应从属于它的理论体系；第二，假设之间以及由它们推出的命题不应矛盾；第三，假设的内涵之间不应交叉。审计假设的一致性，无论是作为审计理论结构的逻辑基础还是作为审计责任的判断依据，都应作为审计业务的基础。

首先，审计假设不是人们主观判断、随意虚构的，而有一定的客观基础，这就是审计实践；其次，人们目前还无法从逻辑上证明审计假设的正确性，只是按照一般观念或习惯做法对某些审计事项进行认定，因此审计假设充其量只是一种公理，而不是定理；最后，审计假设只是人们从审计实践中总结出来的经验结晶，它正确与否要通过具体实践加以检验，但由于它已是人们理性化的认识，正确性是较高的。审计假设具有客观性、可知性、公理性、抽象性、间接性、深刻性特征，审计假设体系应主观见之于客观、不证自明、独立又内在同一、全面且普遍适用。

（二）审计假设的意义

审计假设是审计工作的前提，理论研究和实践都离不开假设。审计假设不仅是建立整个审计理论体系所不可缺少的基础，也是判断审计学科科学性的一个重要依据。审计假设也是判断审计人员履行其职责的一个重要依据审计假设是支撑一门学科中理论大厦之基石。研究审计理论结构必须研究审计假设，这是由审计假设在审计理论中的特有地位所决定的。

假设是哲学和逻辑学中的一个概念，是若干理所当然的原始命题，是进行演绎推理或科学论证的先决条件。审计假设是建立审计理论的基石，是审计实践活动的指南，是制定审计准则的基本依据。假设是任何一门学科的发展所必需的。审计假设是审计理论的重要内容、是指导审计实务的理论基础、是确定审计人员责任的重要依据、是推论的基础。

审计假设是建立审计理论结构的基础，是进行审计理论逻辑推理的起点，有助于指导审计实践，解决一些在法律、准则、制度上无法解决的问题。

三、审计假设的内容与体系

（一）审计假设的内容

审计条件假设有七条：第一，企业递交审计的信息资料是可验证的，重大差错及非法行为是可揭露的；第二，审计人员具备职业所需的独立性和胜任力；第三，如果没有确切的相反证据，过去被认为是正确的，将来也被认为是正确的；第四，完善的内部控制可减少违法行为的机会，这是一条重要的审计技术方法的假设；第五，审计风险是可控制的；第六，一贯采用整体上适合于企业环境的公认会计原则，能使企业的财务状况和经营成果得到公允表述；第七，遵守公认审计准则，能确保审计人员审计目标的实现和履行其社会责任。

（二）审计假设的体系

西方审计假设可分成两种类型：第一，用以说明产生审计需求的社会原因，这类假设是推定审计目标的基础；第二，说明实现审计目标和实施审计程序所需具备的基本条件假设，这类假设是建立审计准则以保证审计目标得以实现的逻辑依据。

若干独立的假设共同组成一个连贯一致的具有合理性、独立性、非矛盾性、可检验性的体系。我国的审计假设体系可包括审计必要性假设和审计条件假设两大类、五个方面：关于审计客体和主体条件的假设、关于审计范围及审计责任范围的假设、关于审计方法和作用的假设、关于审计报告内容和意义的假设、关于审计工作条件的假设。我国现阶段审计假设体系还应包含：审计必要性假设、审计人员假设和审计程序假设三个方面。

第二节 审计信息需求理论研究

一、审计信息需求理论的假设与内涵

（一）审计信息需求理论的假设

在研究中，从审计需求与制度供给的角度探讨了审计需求与供给的平衡问题。经管假设主要对提供企业资金的股东、债权人等委托人和作为代理人的经营者之间自发签订审计契约机制进行了解释；信息假设和保险假设概括了包括一切信息使用者和政治家等在内的企业财务信息使用者的审计需求。经济社会中自行存在着对审计证明的需求，意味着审计的信息供给不需要制度安排。然而，在现实社会中，审计的需求和供给往往被法规、准则的制定加以制度化。

之所以存在对审计的需求，是因为审计具有改善财务信息质量和通过信号传递有效配置财务资源的作用，审计的本质功效是提高财务信息的可信性和增加财务信息的价值。审计需求的信息理论又具体分为信号传递理论和信息系统理论两个分支。审计需求的信号传递观认为，企业上市融资面临激烈的竞争，为了能够在竞争中脱颖而出，有效避免资本市场上的逆选择现象，企业必须向市场传递信号以表明自身所具有的高素质，最为有效的方式就是向市场传递真实的财务信息，通过聘请高质量的审计人员向市场传递其财务报表更具可靠性的信号。

审计需求的信息系统观认为，审计的本质功效在于增进财务会计信息的可信性及其决策有用性。在股份公司和股票交易市场上，投资者对投资收益的追求，不仅仅包括过去单纯的股利，而且包括股票市场的转让所得。这就使得投资者不仅仅关注所投资企业的会计信息，而且关注其他备选投资企业的会计信息。审计需求的信息系统观是假定股东及利害关系人广泛依赖于财务信息，将其作为决策的依据，但他们又不具有判断财务报表是否真实、公允的能力。因此，必须聘请具有会计专长的审计师进行审查判断。监督系统对审计信息的需求，其实质反映了受托责任的委托人和决策、执行代理人之间信息"不对称"的现实中寻求信息平衡的动机。

国内外学者对审计需求研究的贡献在于：审计的信息需求理论的提出。在经济社会里无论是投资人、债权人及其他利益关系人、政治家、经营者，还是审计人员，要在经济活动中维护自己的切身利益，都不可避免地对经营信息进行掌握和加以利用。

国内外学者不仅基于受托经济责任理论对审计需求进行研究，即审计"中介"需求理论的研究；也基于受托代理理论对审计需求开展了研究，即审计"制衡"需求理论的研究。审计"中介"需求理论是站在注册会计师审计的单一审计主体视角来观察审计需求产生的根源，难以解释审计共同需求产生的根源；审计"制衡"需求理论的研究从国家审计、内部审计和注册会计师审计的共同视角研究审计需求产生的根源，较好地弥补了单一视角研究的不足。

审计"中介"需求理论只注重"委托人"在利益上的整体性和一致性，却忽视了在多元化投资主体下委托代理关系的复杂性；而审计"制衡"需求理论从多元化投资主体下审计需求做出了符合逻辑的解释，审计"中介"需求理论将审计需求产生的原因归结于委托人和代理人信息"不对称"的矛盾，这种论断是可靠的，但是这种阐述有一定的片面性；审计"制衡"需求理论主要是从决策、决策执行、监督权分离角度论证了决策、决策执行系统与监督系统信息"不对称"的矛盾，揭开了信息"不对称"的真实面目。

总之，审计需求理论的研究已经明确了审计需求的主体：作为投资人的监督权力"代理人"的监督系统；明确了监督系统审计需求的总体特征：反映行政决策系统、决策执行系统经济活动信息。为审计需求"监督信息"的定位奠定了坚实的基础，也为审计需求理论的延伸性研究指明了方向。

在现行审计需求理论中，所回答的有关审计需求产生的根源、审计需求的信息化本质特征是现行审计需求理论研究的贡献。但是，这种贡献无论是在审计需求理论的深度上还是广度上，都不能实现审计需求研究的目的。因为，现行的审计需求理论研究没有真正回答审计需求的信息化结构特征，审计需求的信息化内容、载体和形式及审计信息质量需求标准等一系列重要问题。对于审计需求理论的延伸性研究，实质上就集中在了对审计，信息化需求结构性特征、审计需求的信息化内容，审计信息化需求质量标准的研究上。值得指出的是，审计需求理论的延伸性研究中，对于审计需求的主体结构特征，即在国家行政治理中谁是审计信息的真正需求者、审计信息的需求者，需求什么样的审计信息，还应该做进一步明确。

（二）审计信息需求理论的内涵

在委托代理关系中，委托人作为一个整体，将依附于财产所有权的经营权一分为三，将经营权中的经营决策权、决策执行权、经营监督权分别委托给决策系统、决策执行系统、监督系统"代理"执行，这种理论普遍适用于国家的"行政治理"和企业的"公司治理"。在委托代理基础上的审计信息的需求者是监督系统。但是监督系统作为国家行政治理和企业的公司治理中的国家和企业投资人及其他利益关系人，对决策、决策执行监督权力的"代理人"对审计信息的需求只是一种表象，他不是审计信息的真正需求者。

审计信息的真正需求者是隐藏在监督权力"代理人"背后的监督"委托人"。因为监督"代理人"必须依照监督"委托人"的意志，要求审计人员为其提供被监督系统在代理行使决策和决策执行权是否符合委托人委托目的可靠信息。对审计需求延伸性的研究思路应遵循这样一个逻辑链条：监督"委托人"的结构和监督需求—监督人的监督需求—审计作为监督系统的"信息代理人"提供怎样的信息才能满足监督"委托人"和监督"代理人"的需求。

在委托代理关系中，"委托人"将依附于财产所有权的经营权一分为三，并将经营权中的经营决策权、决策执行权、经营监督权分别委托给决策系统、决策执行系统、监督系统"代理"执行，这种理论普遍适用于国家的"行政治理"和企业的"公司治理"。监督系统成为"委托人"的监督"代理人"，监督系统作为监督"代理人"，又将信息的采集发布权委托审计人员执行，审计人员则成为监督系统的"信息代理人"，这种层层代理关系因权力的委托而生成。同时，由于委托人群体的利益追求目标不同，其对审计信息的关注点也不同，认清这一点，对人们深入探讨监督委托动机大有裨益。

投资人的资产所有权与经营权的分离，导致了大部分依附于资产的所有权人和利益关系人脱离了对资产经营的控制，潜在投资人、政府有关部门、投资人、债权人和劳动贡献人成为监督"委托人"，而"委托人"对决策"代理人"和决策执行"代理人"监督的需求，必然在组织制度设计中寻求一个监督"代理"系统，纪检、监察、行业监督委员会、企业监事会或审计委员会受"委托人"的授权构建起包括政府、行业、企业监督系统在内的综合监督系统，这个综合的监督系统，就是监督"代理人"这样一个制度安排，就是监督代理制度的安排。

监督代理制度的形成是基于委托人脱离资产的控制后，其资产经营的决策权和决策执行权的行使过程中，决策和决策执行代理人与委托人之间的利益冲突，因为这种利益冲突可能给委托人的正常利益受到损害的假设方委托人为了防止和避免其权益受到损害，委托专门的机构对决策和决策执行代理人的决策和决策执行活动进行监督。这种假设还必须做进一步的解释：这种假设包括制衡需求假设和信息需求假设。在委托人中，由于不同的委托人与决策、决策执行代理人之间的利益冲突的形式以及利益冲突中可能对委托人的利益损害的形式也不同，委托人对监督代理人的代理需求也不同。

潜在投资人作为有意向经济组织投资资本的经济组织和个人，因为其资本并没有投入其某一特定的经济组织，他们只是在选择高素质的企业作为投资对象，其所关注的是潜在投资对象的财务信息。他们期望从权威的监督系统中得到这些信息，潜在投资人的对监督系统的需求是单纯的财务信息需求税务部门和债权人，作为国家税务征管部门和企业资格管理的税务部门和工商部门以及借款给企业的金融部门和与企业交易的经济组织作为债权人，其权益不仅受贷款和交易企业资本运作的影响，也受企业经营过程和业绩的影响，但是税务和工商部门以及债权人无权干预企业的业务经营活动，其关注的焦点也必然放在企业的财务和经营信息上。

因此，债权人也期望从权威监督系统获得企业的信息，不过，他们期望获得的信息不仅包括财务信息，还包括经营业绩信息。投资人分为参与经营的投资人（有资格进入董事会和高管层的大股东）和不参与经营的投资人（没有资格进入董事会和高管层的中小股东）。参与经营的投资人是企业财务经营信息、掌控者，债权人不需要也不希望有一个专门的权威监督机构为其提供企业决策和决策执行信息，更不希望有一个权威的监督机构对其制衡。而不参与经营的大量中小股东在将自己的资本投入经济组织后，就意味着放弃了资本经营的控制权大股东在运用自己的资本进行经营时，资本是否真正用于经济组织价值增值的项目和活动、经营中获得的收益是否真正公平合理处置，直接影响到其自身的收益和资本价值，因此，不参与经营的投资人不仅需要而且也希望有一个专门的权威监督机构为其提供企业决策和决策执行信息，更希望有一个权威的监督机构参与经济组织的监督与制衡。劳动贡献人也是一个多阶层的复合群体，它包括：经济组织的高管层、一般管理层和一线劳动者。

高管层主要由经济组织的决策层和决策执行的管理层组成，他们掌控和引导着经济组织的经济活动方向和性质，以及经济组织综合经济信息的生成和结果。一般而言，高管层基本上由参与经营的大股东所主导，同样道理，他们不需要也不希望有一个专门的权威监督机构代替提供企业决策和决策执行信息，更不希望有一个权威的监督机构对其制衡。一般管理层和一线劳动者是为经济组织创造价值的主力军，他们在高管层的指挥、协调和领导下从事一线的管理和劳动，他们的劳动价值能否有效实现，其决定权完全掌握在高管层手中，高管层对经济组织资源的配置是否合理、对生产过程的组织是否有效、在劳动成果分配中是否遵循按劳分配原则，直接关系到全体劳动者的利益和劳动价值的兑现。因此，一般劳动贡献人不仅需要而且希望有一个专门的权威监督机构为其提供企业决策和决策执行信息，更希望有一个权威的监督机构参与经济组织的监督与制衡。

二、审计信息需求理论的内容

监督委托人和审计委托人，不仅对审计组织提出了提供真实可靠审计信息的要求，对审计信息的特征也提出了具体要求。然而，审计委托人对审计信息需求必须服从监督委托人对审计信息的需求。监督委托人对审计信息的需求是一种多元化的信息需求，审计人员必须充分满足这种多元化的信息需求。在对审计信息多元化需求的前提下，无论是在信息的形式上、信息的范围上、信息的结构上和信息的质量上，审计人员都必须在信息的特征上做出保证。因此，审计信息的需求特征就反映出审计信息的特征。审计信息的特征主要包括界限特征、组成特征和质量特征。

（一）审计信息需求的界限

审计信息需求的范围特征主要是审计人员提供的审计信息在范围上满足信息需求的特征。审计人员向委托人提供审计信息涵盖的审计客体范围，不仅影响到审计信息的系统性，也关系到审计信息的品质，审计信息的涵盖范围以及审计信息的内容必须能够满足多元化审计信息需求。

在多元化的审计信息需求者中，潜在投资人对潜在投资对象的财务信息的关注、税务征管部门和工商部门对经济组织财务信息和经营业绩信息的关注、不参与经营的中小股东对经济组织决策和决策执行信息的关注、债权人对经济组织现金流量和经营信息的关注、一线劳动者对经济组织决策和决策执行信息的关注等集中起来看，说明委托人对经济组织经营活动信息的关注是全面性的。

在契约经济条件下，经济组织经营活动可以按照构成商品的价值要素将经济组织的内部权力划分为资金配置权、财产使用权、人事管理权、业务经营权，委托人委托监督代理人对经济活动的监督也应从经济组织"货币资产的支配权""实物资产的使用权""人力资源的配置权""业务经营管理权"入手。因此，经济组织的经济活动范围，由上述相互联系和相对独立的四个模块组成，也就是审计客体范围。审计信息也必须依照审计客体范围界定，全面反映审计客体状况。

依照经济学的理论进一步分析，经济组织的经济活动的结构除了有上述四个构成部分以外，每一个部分还具有层次性的特征。经济活动层次包括经济组织内部控制系统、决策系统、决策执行系统，这三大系统相互关联、相互依存，是审计查证的直接客体，审计客体信息直接来源于这三大系统，审计信息的范围特征就是信息系统全面覆盖经济组织内部控制、决策、决策执行活动。

（二）审计信息需求的组成

审计信息需求的结构特征主要是审计人员提供的审计信息在结构层次上满足信息需求的特征。审计人向委托人提供审计信息的层次结构，不仅关系到审计信息的范围，也关系到审计信息的质量，审计信息的层次结构必须能够满足委托人多层次的信息需求。审计信息需求的结构就是审计信息的结构，对审计信息结构仍然需要依据委托人对审计信息的需求加以判断。

通过对监督委托人对审计信息的关注分析，潜在投资人对潜在投资对象的财务信息进行关注，主要关注的是财务信息的真实可靠性，因为只有真实可靠的财务信息，才能降低其投资决策的失误，避免投资损失。税务征管部门和工商部门对经济组织财务信息和经营业绩信息关注，不仅要关注财务和业绩经营信息的真实性、可靠性，还要关注经财务和经营活动的合法性、合规性信息，因为财务和经营信息的真实性、可靠性，能使税务部门了解纳税人的纳税依据，保证足额征税；财务和经营活动合法性、合规性信息能使税务部门掌握经济组织透露谁的证据，使工商部门掌握经济组织违规经营的证据，作为对违规经济组织依法处罚的依据，以维护国家税收安全和市场经济秩序。

不参与经营的中小股东对经济组织决策和决策执行信息关注，不仅要关注经济组织重大财务、资产、人事、经营决策和决策执行真实性、可靠性的信息，而且要关注经济组织决策和决策执行合法性信息以及关注决策执行适当性、有效性信息。因为经济组织决策和决策执行真实性、可靠性信息有助于不参与经营的中小股东了解经济组织的重大决策是否有利于经济组织价值增值，以增强决策的透明度；决策和决策执行合法合规性信息有助于不参与经营的中小股东了解决策程序是否规范，重大投资、融资、资源配置和分配决策是否合法、公平、公正，决策执行是否严格按照科学的决策方案，有无不按决策违规投资给组织乃至相关利益关系人造成重大损失；决策和决策执行适当有效性信息有助于不参与经营的中小股东了解决策效果和决策执行绩效等。

债权人对经济组织现金流量和经营信息关注，主要是关注财务信息和经营信息的真实性、可靠性，以满足放宽决策和交易决策的需要。一线劳动者对经济组织决策和决策执行信息主要是关注经济组织决策和决策执行合法性、合规性信息，因为决策和决策执行中，特别是劳动成果分配决策及执行是否合法合规，可能直接影响一线劳动者的工资收入。

因此，将不同委托人对信息的关注作为一个整体分析来看，审计信息需求的结构分为经济活动信息真实性、可靠性信息，经济活动合法性、合规性信息、经济活动实行有效性信息。这种只元化的信息结构特征，正是审计信息需求结构特征。

（三）审计信息需求的质量

审计信息需求的品质特征主要是审计人员提供的审计信息在质量上满足信息需求的特征。审计人员向委托人提供审计信息品质的好坏，不仅关系到能否有效满足审计信息的需求，也关系到审计结果的成败，影响到审计风险的大小。审计信自、需求的品质特征主要包括审计信息的客观性、完整性特征。

审计信息的客观性，是指审计信息能客观准确地反映审计客体真实可靠性、合法合规性、适当有效性情况和水平。审计信息的客观性不仅要求在信息的形式上、范围上、结构上做出保证，而且要求审计人员在对审计客体真实可靠性、合法合规性、适当有效性情况和水平的判断上做出保证。在信息的形式上、范围上、结构上做出保证强调的是审计技术因素或客观因素，审计人员在对审计客体真实可靠性、合法合规性、适当有效性情况和水平的判断上做出保证强调的是审计人员品德因素或主观因素。一般情况而言，对人的主观因素稳定在较高水平是不易做到的；但对技术因素稳定在较高水平较容易实现，同时将技术影响因素稳定在较高水平还能有效压缩主观因素地影响空间。

审计信息的完整性，是指审计信息能全面完整的反映审计客体真实可靠性、合法合规性、适当有效性的全貌。审计信息的完整性不仅要求在信息的涵盖审计客体范围上、结构上做出保证，而且要求审计人员在审计信息的可计量性、系统性、纯洁性上做出保证。在信息的涵盖审计客体范围上、结构上做出保证强调的是"审计客体信息"因素，审计人员在审计信息的可计量性、系统性、纯洁性上做出保证强调的是审计信息形式因素。审计客体信息因素对审计信息的完整性影响主要来自审计客体范围和内容的界定，审计信息形式因素对审计信息完整性的影响主要来自审计信息系统和审计信息平台的构建。

第三节 政府审计理论研究

一、政府审计理论的本质理论

（一）国家治理

国家是一定范围内的人群所形成的共同体形式，它是一种拥有治理一个社会的权力机构。国家要在领土范围内行使政治权力。政治权力的行使主要是通过国家治理来实现的。对于国家治理的内涵，学术界有不同的观点，总体来说，可以概括地将其看作在一个既定范围内维系秩序运转的所有公共部门、私人部门的正式和非正式的制度安排、组织形态和治理机制，以及它们之间的互动过程。

国家治理的基本构造分为两个层级：第一层级是社会公众对国家治理的需求；第二层级是国家治理在政府治理、市场治理和民间治理之间的配置。此外，政府治理、市场治理和民间治理的内部构造还可能有多个层级。国家审计主要与政府治理相关。

一般而言，政府治理包括三个子系统：第一，政府治理权力配置及运行系统；第二，任务确定及资源分配系统；第三，问责系统。政府治理权力配置及运行系统主要关心三个问题：一是建立政府治理主体，例如，国家和政府首脑、国家和政府机构；二是将政府治理的权力及职责在不同的治理机构之间进行分配；三是为各种政府治理主体选择或配置人员。

任务确定及资源分配系统，主要解决两个问题：第一，任务确定，也就是确定政府治理主体使用公共资源具体做些什么事，确定各个政府治理主体的任务；第二，资源配置，将公共资源分配到每个政府治理主体。问责系统主要是了解各政府治理主体任务完成及资源使用情况，并以此为基础，对政府治理主体进行奖励或处罚。

在政府治理构造中，三大子系统具有逻辑关系，政府治理权力配置及运行系统建立了治理主体并将治理权力和责任进行划分，而任务确定及资源分配则确定了各治理主体应该做的事情，并以此为基础将公共资源进行分配。若没有责任追究机制，政府治理主体可能不正当地使用权力，不完成确定的任务，不恰当地使用配置的资源，将公共权力用来谋取自己或集团的利益，出现权力异化。

上述行为都可以归结为治理主体的机会主义行为。抑制治理主体的机会主义行为，需要设计政府治理权力配置及运行系统和任务确定及资源分配系统时考虑制衡机制，但仅仅依赖制衡机制还不能解决问题。因此，还需要一个专门的机制来对上述事项进行追究，这就产生了问责机制。从政府治理构造来说，问责机制是针对前两个子系统的。

针对政府治理权力配置及运行子系统的问责，一般可以称为行政问责。针对任务确定及资源配置子系统的问责，一般可以称为经济问责，主要包括两方面的含义：第一，获取治理主体责任目标运行及资源使用信息；第二，评价治理主体责任目标的实现程度及资源使用情况，并根据评价结果给予奖励或处罚。

（二）政府审计

就经济问责机制相关信息的真实性来说，政府治理主体所提供的信息是否真实，通过审计可以得到鉴证，这就形成了基于责任方认定的审计；就经济问责机制相关信息的完整性来说，对于政府治理主体没有提供与委托人有关的信息，委托人也可以通过审计途径获得，这就形成了直接报告业务。

若没有国家审计，一方面，政府治理主体可能会给委托人提供虚假信息；另一方面，经济问责所需要的一些信息可能无法获得。由于经济问责信息的真实性和完整性没有保障机制，经济问责机制可能也会陷入困境。所以，从本质上来说，国家审计是经济问责信息保障机制，要么鉴定政府治理主体提供的经济问责信息的真实性，要么直接提供经济问责信息。

综上所述，在经济问责系统中，国家审计是经济问责信息的保障机制，当鉴定经济问责信息的真实性时，就是基于责任方认定业务；当直接提供经济问责信息时，就是直接报告业务。如果经济问责系统中的其他职能配置给国家审计，则产生国家审计的辅助功能。中国特色社会主义国家审计环境对其产生重要影响，从而显现国家审计本质的中国特色。

国家治理结构中需要有一个环节来保障国家经济社会的健康运行，审计正是这样一个环节，充当保障国家经济社会健康运行的免疫系统，这是国家治理制度的必然安排。国家审计作为国家经济社会运行的免疫系统，应发挥好三方面的功能：第一，发挥预防功能。作为一种制度安排，国家审计具有内生性的威慑作用，审计机关具有独立、客观、公正、超脱、涉及经济社会各方面的优势，因而有责任而且有条件及时发现苗头性、倾向性问题，及早感受风险，提前发出警报，起到预警作用。第二，发挥揭露功能。审计的首要职责是监督，监督就必须查错纠弊；所以，审计必须查处违法违规、损失浪费、损坏资源等各种行为，并依法对这些行为进行惩戒；必须揭示体制障碍、制度缺陷、机制扭曲和管理漏洞，以保护经济社会运行的安全健康。第三，发挥抵御功能。审计不仅要揭露问题，更要对这些问题从表象到内里、从个别到一般、从局部到全局、从微观到宏观，进行深层次的原因分析，提出相关建议，提高经济社会运行质量和绩效，推动经济社会全面协调可持续发展。

（三）问责机制与国家治理免疫系统的关系

问责机制是应对机会主义行为的一种机制，机会主义行为就是国家经济社会运行中的"疫情"，应对这种机会主义行为的问责机制当然就是免疫系统。所以，问责机制就是免疫系统。就国家而言，由于问责机制"疫情"的类型不同，应对"疫情"的免疫系统也不同，有行政问责、经济问责、司法问责和党内问责。国家审计应对的是经济社会运行中的"疫情"，属于经济问责。审计免疫系统要发挥预防功能、揭露功能、抵御功能。

抵御功能是指，审计不仅要揭露问题，更要对这些问题从表象到内里、从个别到一般、从局部到全局、从苗头到趋势、从微观到宏观，进行深层次的原因分析，提出相关建议，提高经济社会运行质量和绩效，推动经济社会全面协调可持续发展，事实上就是确认隐性机会主义是否存在。预防功能是指，审计要及时发现苗头性、倾向性问题，及早感受风险，提前发出警报，起到预警作用，事实上就是确认可能的机会主义行为是否存在。

问责机制是应对机会主义行为的免疫系统，审计作为问责机制中的信息保障机制，要发挥免疫系统功能，审计工作要坚持两手抓，一方面揭露和查处违法违规问题，发挥审计在惩治违法行为、加强廉政建设方面的作用；另一方面关注重大的体制性障碍、制度性问题和管理漏洞，促进建立有利于科学发展的体制机制，发挥审计的建设性作用，从而推动审计工作更加自觉地从以合法合规审计为主向以绩效审计为主转变。国家审计发挥"免疫系统"功能与作用的内在机理主要是及时审计发现问题、依法审计处理问题、充分利用审计成果以及依法报告审计工作。国家审计发挥"免疫系统"功能与作用的内在机理与机体免疫系统相似，即发现问题、处理问题、完善机制以致增强免疫功能——抵御病毒。可见，在免疫系统中，审计的基本功能还是揭露和发现问题，这本质上就是确认机会主义行为是否存在，是信息保障。总之，从审计免疫系统来看，问责机制就是免疫系统，审计就是通过信息保障作用来应对机会主义的免疫系统构成要素。

二、政府审计理论的目标理论

审计目标回答的审计基本问题是"审计的意义"，它是审计工作的出发点和归宿。审计目标就是人们通过审计实践活动所期望达到的目的、境地或标准。审计目标有两个重要的内涵：第一，审计人员；第二，所期望达到什么样的目的、境地或标准。

就国家审计来说，对审计人员有两种理解：第一，审计机关；第二，审计委托人。如果理解为审计机关，则审计目标就是审计机关通过审计实践活动所期望达到的目的、境地或标准；如果理解为审计委托人，则审计目标就是审计委托人通过审计机关的审计实践活动所期望达到的目的、境地或标准。

从经济问责视角来看，经济问责主体是国家审计的委托人，国家审计是经济问责系统的组成部分，其基本功能是经济问责信息保障。经济问责需要什么信息，国家审计就应该保障什么信息。所以，如果说国家审计机关有什么"所期望达到的目的、境地或标准"，那就是高质量地保障经济问责信息。国家审计机关应该围绕经济问责主体的信息需求来开展审计工作，而不应该有自己的利益考虑。

国家审计只是经济问责系统的构成部分之一，不是经济问责系统的全部，在经济问责系统的要素分工中，国家审计的基本功能是经济问责信息保障，当鉴定经济问责信息的真实性时，就是基于责任方认定业务，当直接提供经济问责信息时，就是直接报告业务。国家审计总目标在于独立地提供公共受托责任履行情况的鉴证信息，区分了国家审计目标和经济问责目标，但国家审计的信息鉴证应该限于经济问责信息，并且除了鉴证信息，还应该有直接报告业务。

综上所述，作为经济问责系统构成部分的国家审计，其目标是通过基于责任方认定业务和直接报告业务，发挥经济问责信息保障作用，通过这种信息保障作用，促进政府治理主体改善业绩、提高效率和效果、提高透明度、强化公共责任、保持可靠性。

三、政府审计理论的内容理论

确定国家审计内容的原则有两个：第一，问责需求原则；第二，技术可行原则。所谓问责需求原则是指国家审计的内容应该基于国家审计委托人的问责需求出发，委托人关心怎样的公共责任，国家审计就应该将什么纳入审计内容。所谓技术可行原则是指国家审计内容由审计技术决定，如果审计技术无法做到，则不能作为审计内容。当然，国家审计委托人的问责需求在变化，审计技术也在变化，所以，国家审计的内容也会发生变化。

国家审计问责对象是任务确定及资源分配系统，其本质是公共责任，也就是使用公共资源、公共资金、公共权力来完成公共事务。公共责任可以分为三个方面：第一，公共资源和公共资金使用责任，一般可以称为财务责任；第二，公共权力使用责任，一般可以称为行政责任；第三，完成公共事务，一般可以称为管理责任。相应地，的机会主义行为表现为财务机会主义、行政机会主义和管理机会主义。

财务机会主义最根本的问题是公共资源和公共资金使用过程中的机会主义行为，对这种机会主义行为的审计技术已经较为成熟，是传统的审计领域行政机会主义最根本的问题是责任主体在公共权力的使用过程中滥用职权般来说，对于这种机会主义行为的调查，与审计核心技术关联不大，一般不作为审计内容。

一般而言，政府及政府机构的职责和流程都有明文规定，从技术上来看，对其职责履行情况进行鉴证是可行的，可以成为审计内容。绩效审计就是这种审计业务的典型代表。

第四节　内部审计理论研究

一、内部审计理论的本质理论

本质是指事物本身所固有的根本属性，是区别于其他事物的根本特征。事物的本质是隐蔽的，是通过现象来表现的，必须透过现象看本质。需求决定本质，既然内部审计的产生和发展是缘于委托代理关系，它的目标就是检查受托人的责任履行情况，从而成为有效的治理工具。因此，内部审计是一种保证受托责任有效履行的治理机制。

企业内部存在复杂的委托受托（代理）关系：治理层的所有者与执行者（股东与董事会、管理层）的委托受托（代理）关系、管理层作为执行者与下属机构（管理层与下属机构）的委托受托（代理）关系、上下级下属机构之间的委托受托（代理）关系。委托受托（代理）关系是受托责任产生的前提，受托责任是由于委托关系的建立而发生的。

委托关系建立后，作为一个受托人，就要以最大的善意、最经济有效的办法，最严格地按照当事人的意志来完成委托人所托付的任务，这种责任叫"受托责任"。受托责任理论认为，受托（代理）者拥有比委托者更多的信息，这种信息不对称会影响委托者监督受托（代理）者是否按他们的利益服务的能力，于是会产生受托（代理）者的逆向选择和道德风险行为。公司治理是一套制度安排，它是受托责任系统中的一种控制机制，其最终目的是保证各自受托责任的履行，保证整个受托责任系统的有效运行。公司治理机制分为内部治理机制和外部治理机制。内部治理机制如激励制度、独立董事制度等；外部治理机制如资本市场、政府监管、外部审计等。

理论上，在股东、董事会和高管层之间以及上下级管理层之间的委托责任关系中，内部审计通过对委托受托（代理）关系各方受托责任的确认和咨询，减少信息不对称，有助于各方责任的有效履行。因此，内部审计可视为一种保证委托受托（代理）关系各方受托责任履行的内部治理机制。受托责任是一切审计工作的出发点。内部审计本质上仍属于受托责任的问题，要以受托责任理论为基础。因此，受托责任的内容决定了审计的内容。

二、内部审计理论的职能理论

"职能"事物本质的客观反映,是事物本身应具有的功能或作用。我国审计学术界在探讨审计职能时也常以审计功能或审计作用来代称。既然内部审计的本质是一种治理机制,那么在这种治理机制中发挥的作用就是它的职能。

(一)内部审计职能的现状

目前国内外很少有关于审计职能的理论研究,即使有也主要针对注册会计师审计。审计的职能是由审计的本质决定的。审计是一种经济监督活动。审计职能是由审计的本质属性所决定的,审计固有的、内在的功能,审计具有经济监督、经济公证两大职能。所谓审计的职能,指的是审计本身所具有的功能,是审计能够适应社会经济生活需要所具备的能力,它是内在于审计的客观属性,是客观存在的。审计人员对社会所具有的义务就是在审计工作中所进行的报告、揭露、证明和陈述意见。

由于受托经济责任内容随着委托人期望与要求的扩展而拓展与演进,导致与受托经济责任有密切联系的现代审计本质功能也随之拓展,提出了审计功能的拓展主要包括深度和广度的拓展。拓展的范围从传统审计鉴证到认证,体现了受托经济责任的发展。可以看出,上述研究首先主要针对注册会计师审计,没有突出内部审计的特点;其次就是对职能的表述过于简单,如监督、鉴证、评价,内部审计的职能研究主要体现在其与公司治理的关系研究中。

(二)基于公司治理的内部审计职能

内部审计在公司治理中的作用研究包括对内部审计治理效果研究和内部审计治理路径研究,治理路径的研究充分诠释了内部审计的职能。

内部审计是组织治理的重要组成部分,有效的内部审计能够改善治理、实现"善治"。而实现内部审计目标的方式就是对公司的风险管理、内部控制、治理过程的有效性进行评估,以便为公司提出完善经营管理的合理建议,并帮助公司实现发展目标。内部审计人员对风险和控制独一无二的全程关注,对于良好的治理程序和财务报告至关重要,统计表明:公司越大、越复杂,董事会、高管层和外部审计人员就越难以准确地掌控风险,内部审计人员作为独立的内部观察者,以其独特的视角,使董事会、高管层和外部审计人员认识到风险管理和控制中存在的问题,并评估风险管理的有效性,从而在治理过程中发挥重要的作用。内部审计通过侦查可以改善组织内部的控制和监督环境,为组织带来价值增值。

内部审计在公司治理中可以起到五点作用:第一,疏通信息沟通渠道,减缓"代理问题"；第二，完善监控机制，补正公司治理结构；第三，适当定位，帮助企业增加价值；第四，预防和矫正虚假财务报表；第五，利用自身优势弥补外部审计在实现公司治理中的缺陷。随着公司治理的重要性不断突出，内部审计部门不得不将公司治理列为优先审计的对象。公司治理内部审计的内容包括：治理环境审计、治理流程审计、治理程序审计。

国外内部审计参与公司治理的途径，归纳起来包括三方面内容：评价公司的治理环境、治理过程和治理程序。内部审计的价值增值功能主要体现在四大领域：公司治理领域、内部控制领域、风险管理领域以及咨询领域。

综上所述，内部审计的职能为：风险管理、内部控制、治理程序的确认和咨询。内部审计是通过对组织的风险管理、控制和治理程序进行确认，才成为有效治理的重要基石之一。

三、内部审计理论的目标理论

内部审计目标是内部审计理论结构中一个不可或缺的重要要素，是内部审计活动的既定方向和要达到的预定结果。作为审计准备阶段的一个重要步骤，内部审计目标为审计人员指明了工作的方向，帮助确定了内部审计的范围、程序、判断标准和审计结论，是内部审计工作的出发点和归宿。

内部审计的目标是旨在增加价值和改善组织运营，帮助组织实现其目标。内部审计应关注内部控制、风险管理和治理过程，为组织取得良好的业绩和声誉，成为组织成长、成功以及形成良好市场定位的推动力量。

（一）公司治理及企业价值

公司治理的核心是如何平衡组织中所有利益相关者的利益，以实现企业长期可持续发展。企业价值最大化目标将利润最大化、股东利益最大化等企业目标涵盖其中，与股东或其他利益相关者的价值追求相一致，它能够更为科学地体现企业的终极追求。在公司治理框架下，价值最大化是企业目标的最优选择。

企业价值代表性的观点主要源自两种理论：第一，劳动价值论；第二，效用价值论。在劳动价值论与效用价值论两种价值观的交融、渗透和影响之下，人们对企业价值的认识便呈现出不同的形态，其主要观点有以下九种：

（1）企业价值表现为账面价值，它是以历史成本为基础进行计量的财务报表的概念，反映在会计计量上，以成本替代价值。

（2）企业价值是市场价值。这是基于有效市场理论（Efficient Market Theory，EMT）的价值表现形式，该理论认为，尽管市场是不完善的，但它是有效的，所以关于企业价值的信息都已经反映在公司的股票价格中。

（3）企业价值是公允价值。这种观点认为，企业价值是信息完全的双方在没有任何压力的前提下自愿进行的交易价格。该观点的最大特征是过于理想化，在现实社会中根本不可能实现。

（4）企业价值是内在价值。所谓内在价值，是指公司在剩余期间内所能产生的以适当利率贴现的现金流，它反映的是公司的未来盈利能力而非资产的历史成本，它否认市场有效，认为由于市场的非理性，市场价值不能代表内在价值。

（5）企业价值是清算价值。在财务和会计理论中，公司的持续经营是一个非常重要的基础假设，但清算价值是建立在公司不再持续经营的假设基础上的一个概念，它是指公司已不能持续经营，停止营业，变卖所有公司资产后的现金余额。当公司未来现金流的贴现值等于或小于零时，相比持续经营，公司消亡可能更有意义，这时候公司的清算价值就等于公司的内在价值。

（6）企业价值就是股东权益价值。该观点认为，股东是公司的财产所有者，公司所有的利润或损失，不管是否被分配，将直接影响所有者而不是公司的财产。因此，追求公司股东价值的最大化应成为公司的终极目标。在这种观点影响下的有关公司治理理论认为，公司治理应以资产所有者利益为核心。公司股东可以以有限的偿付义务无条件地全部占有公司权益而免于任何形式的追索。企业价值就是股东价值这一观点在我国还有很大的市场。

（7）企业价值等于公司股东权益价值加上公司债务权益价值。该观点将公司作为一个独立的法人实体完全地人格化，认为企业价值独立存在，既不属于股东也不属于债权人，在会计学上对应有所谓"实体理论"（Entity Theory）。并且重视公司实体法人的地位，资产和负债都属于公司，股东与债权人都对公司贡献了资源，因而他们同时拥有公司资产的要求权。

（8）企业价值等于公司股东权益价值加上公司债务权益价值再加上公司税负价值。它较多地融入了公司所处的社会制度因素。

（9）企业价值等于公司利益相关者权益价值之和。这种观点其实可称之为企业价值的"契约理论"。在"契约理论"中，公司存在的意义已远远超出了公司股东、公司债权人和政府的范畴。公司利益相关者包括股东、经理人、员工、债权人、供应商、经销商、社区、政府机构等。当人们把价值理解为"存在的意义"的时候，企业价值的外延就扩大了，这时候公司的价值可理解为公司对社会的贡献和责任。

前四种观点来自财务视角的理解，后五种观点是公司治理框架下的企业价值约定。尽管上述观点都有一定的道理，但因定义的角度不同，导致了其内涵和外延的片面性和局限性。前四种观点更多地强调现金流量和财务报表，忽视了企业整体利益；后五种观点以股东利益为主导，弱化了其他利益相关者的价值需求。在此基础上，人们可以将企业价值定义为：满足企业可持续发展前提下的所有利益相关者的价值实现值。

（二）企业目标的内部审计定位

管理者作为会计信息的提供者所知道的信息总是比股东、债权人及利益相关者要多，出于满足自身利益的需要，管理者可能有提供不完全信息或者虚假信息的倾向，造成委托人和代理人之间的信息不对称，引发逆向选择和道德风险的问题，导致监督成本、守约成本以及剩余损失三种代理成本出现。即使在投入（资本）与技术水平给定的条件下，也并不一定能实现效益的极大化。这是因为投入与产出不完全取决于单纯的资金与技术因素，还存在着组织与动机因素，当组织不能发挥最大的效益或组织内部人员的动机存在问题时，企业就会产生非配置型低效率现象，即 X 效率理论。

显然，组织要克服 X 效率现象，就必须改善信息不对称的状况。完全理性的委托人总能设计出一个最佳契约规避信息不对称带来的危害。但 X 效率理论对委托人的理性假设受到许多经济学家的质疑，因为其并不符合现实生活中的情况。人们不可能预见所有情况，即使预见了也不会把所有条款写入契约，因为这样做的成本太高，因此，契约是不完全的，只依靠委托人的约束和代理人自身承诺无法保证财务信息的可靠性，必须有独立的第三方来鉴证财务信息的真实可靠，并约束代理人的行为。

审计是提高企业价值的一种监督活动，可以作为减少代理成本的一种外部治理机制。显然，作为审计的一种形式的内部审计，可通过确认并评价管理者的经营管理状况和所提供的信息资料，合理保证财务信息的真实可靠，并震慑管理层以控制逆向选择和道德风险的发生，合理降低信息的非对称性；此外，内部审计还可以对企业各职能部门的经营管理提出合理建议并辅助其实施，优化组织结构，提高信息可信度和信息的价值，因此，内部审计可以改善由于信息不对称带来的非配置型低效率现象，从而有助于企业实现价值最大化，最终为实现企业目标服务。

第五节 注册会计师审计理论研究

目前，对注册会计师审计这一概念所做的最具代表性的陈述是美国会计学会审计基本概念委员会于 1973 年发表的《基本审计概念说明》，审计是一个系统化过程，即通过客观地获取和评价有关经济活动与经济事项认定的证据，以证实这些认定与既定标准的符合程度，并将结果传达给有关使用者。根据这一定义，注册会计师执行审计工作的主要目的是对与被审计单位经济活动及经济事项有关的认定形成审计意见，审计意见应当具体说明认定与标准的符合程度。

为了实现这一目的，注册会计师需要系统化地获取和评价相关证据，以支持关于认定是否符合既定标准的职业判断。这意味着审计人员在制订审计计划、实施审计程序、获取审计证据和形成审计结论时需要通盘考虑，以实现审计目标。

一、注册会计师审计目标

在审计实践中，审计目标是开展审计工作的起点，它构成了判断审计责任的重要依据。审计人员为了能很好地履行职责，需要确立明晰的审计目标。在注册会计师审计中，审计目标可以分为总体审计目标和具体审计目标，总体审计目标指的是对财务报表整体进行审计所要实现的目标，具体审计目标指的是对具体交易、事项、账户进行审计所要实现的目标。总体审计目标引导具体审计目标，具体审计目标又支持总体审计目标，两者相辅相成。

（一）注册会计师总体审计目标

总体审计目标的确立受两方面因素影响：社会需求和审计自身能力。可以说，它是社会需求与审计自身满足社会需求的能力两者之间的有机统一。

近年来，国际会计师联合会（IFAC）下属的国际审计与鉴证准则委员会（IAASB）连续修改、颁布了多项审计准则以要求注册会计师在执行审计业务时进一步深入考虑的风险，逐步建立了较为完善的标准和体系。

结合我国现阶段社会环境的要求和国际审计准则的发展状况，以及我国注册会计师审计的发展水平，我国现阶段注册会计师审计的总体目标可以归纳为两个：第一，对客户提供的财务报表是否真实公允地反映了企业的财务状况和经营成果提出一个独立的公正的意见；第二，揭露和报告对财务报表内容有直接影响的、重大的欺诈行为和非法行为。

在 2010 年由中国注册会计师协会修订、财政部印发的《中国注册会计师审计准则第 1101 号——注册会计师的总体目标和审计工作的基本要求》中，已将上述两项目标纳入我国注册会计师审计的总体目标中。通过实现上述总体目标，注册会计师提高了财务报表预期使用者对财务报表的信赖程度。

（二）注册会计师具体审计目标

保证财务报表公允反映被审计单位的财务状况和经营情况是管理层的责任。当管理层声明财务报表已按照适用的财务报告编制基础编制，以及在所有重大方面做出公允反映时，就意味着管理层对财务报表各组成要素的确定、计量、列报以及相关披露做出了认定。这些认定，有些是明确表达的，有些是隐含表达的。

注册会计师了解认定之后，就很容易确定每个项目的具体审计目标，并以此作为评估重大错报风险以及设计和实施进一步审计程序的基础。简言之，注册会计师的具体审计目标就是逐一对管理层所做出的与财务报表各组成要素的确定、计量、列报以及相关披露的认定是否恰当做出自己的职业判断。在执行审计业务的过程中，注册会计师逐步实现了各项具体审计目标，进而实现总体审计目标。

二、注册会计师审计报告

注册会计师在按照审计准则要求完成审计取证工作之后，需要将审计结果向委托人汇报，即需出具审计报告。审计报告是注册会计师对被审计单位财务报表是否公允反映了其财务状况和经营成果做出判断后形成专业意见的载体，也是限定自身责任的手段。对财务报表的预期使用者以及执行审计业务的注册会计师而言，审计报告都较为重要。

（一）注册会计师审计报告的认知与作用

注册会计师应当根据审计证据得出结论，清楚表达对财务报表的意见。审计报告是指注册会计师根据审计准则的规定，在执行审计工作的基础上，对财务报表发表审计意见的书面文件，无论是出具标准审计报告，还是非标准审计报告，注册会计师一旦在审计报告上签名并盖章，就表明对其出具的审计报告负责。

1. 注册会计师审计报告的认知

审计报告是注册会计师在完成审计工作后向委托人提交的最终产品，具有以下四个方面的含义：

（1）注册会计师应当按照审计准则的规定执行审计工作。审计准则是用以规范注册会计师执行审计业务的标准，包括：一般原则与责任、风险评估与应对、审计证据、利用其他主体的工作、审计结论与报告以及特殊领域审计六个方面的内容，涵盖了注册会计师执行审计业务的整个过程和各个环节。

（2）注册会计师在实施审计工作的基础上才能出具审计报告。注册会计师应当实施风险评估程序，通过了解被审计单位及其环境，识别和评估由于错误导致的重大错报风险，以此作为评估财务报表层次和认定层次重大错报风险的基础。风险评估程序本身并不足以为发表审计意见提供充分、适当的审计证据，注册会计师还应当对评估的风险设计和实施恰当的应对措施。注册会计师通过实施上述审计程序，获取充分、适当的审计证据，得出合理的审计结论，作为形成审计意见的基础。

（3）注册会计师通过对财务报表发表意见履行业务约定书约定的责任。财务报表审计的目标是注册会计师通过执行审计工作，针对财务报表是否在所有重大方面按照财务报告编制基础编制并实现公允反映发表审计意见。因此，在实施审计工作的基础上，注册会计师需要对财务报表形成审计意见，并向委托人提交审计报告。

(4) 注册会计师应当以书面形式出具审计报告。审计报告具有特定的要素和格式，注册会计师只有以书面形式出具报告，才能清楚表达对财务报表发表的审计意见。

2. 注册会计师签发的审计报告

注册会计师签发的审计报告，主要具有鉴证、保护和证明三方面的作用：

(1) 鉴证作用：注册会计师签发的审计报告，不同于政府审计和内部审计的审计报告，是以超然独立的第三者身份，对被审计单位财务报表合法性、公允性发表意见。这种意见具有鉴证作用，得到了政府及其各部门和社会各界的普遍认可。政府有关部门，如财政部门、税务部门等了解、掌握企业的财务状况和经营成果的主要依据是企业提供的财务报表。财务报表是否合法、公允，主要依据注册会计师的审计报告做出判断。股份制企业的股东，主要依据注册会计师的审计报告来判断被投资企业的财务报表是否公允地反映了财务状况和经营成果，以进行投资决策等。

(2) 保护作用：注册会计师通过审计，对被审计单位财务报表出具不同类型审计意见的审计报告，以提高或降低财务报表使用者对财务报表的信赖程度，能够在一定程度上对被审计单位的财产、债权人和股东的权益及企业利害关系人的利益起到保护作用。如投资者为了减少投资风险，在进行投资之前，需要查阅被投资企业的财务报表和注册会计师的审计报告，了解被投资企业的经营情况和财务状况。投资者根据注册会计师的审计报告做出投资决策，可以降低其投资风险。

(3) 证明作用：审计报告是对注册会计师审计任务完成情况及其结果所做的总结，它可以表明审计工作的质量并明确注册会计师的审计责任。因此，审计报告可以对审计工作质量和注册会计师的审计责任起证明作用，通过审计报告，可以证明注册会计师在审计过程中是否实施了必要的审计程序，是否以审计工作底稿为依据发表审计意见，发表的审计意见是否与被审计单位的实际情况相一致，审计工作的质量是否符合要求。通过审计报告，可以证明注册会计师对审计责任的履行情况。

（二）注册会计师审计意见

审计报告是注册会计师发表审计意见的载体。目前，审计意见已形成四种固定类型：无保留意见、保留意见、拒绝表示意见、否定意见。保留意见、拒绝表示意见、否定意见三类被统称为非无保留意见。无保留意见，是指当注册会计师认为财务报表在所有重大方面按照适用的财务报告编制基础编制并实现公允反映时发表的审计意见（参见《中国注册会计师审计准则第1501号》）。理解无保留意见的关键在于明确"什么是公允反映"。

在评价财务报表是否做出公允反映时，注册会计师应当考虑三点内容：第一，经管理层调整后的财务报表是否与注册会计师对被审计单位及其环境的了解一致；第二，财务报表的列报、结构和内容是否合理；第三，财务报表是否真实地反映了交易和事项的经济实质。经过多年实践，人们归纳了不能出具无保留意见的三个条件：第一，审计范围受到限制（范围受限）。若注册会计师无法收集充分证据以得出财务报表是否按照公认会计准则表达的结论时，便构成了范围受限。第二，财务报表没有按照公认会计准则编制。第三，审计人员不独立。当这三个条件中的任一条件存在且重要时，就必须出具非无保留审计意见。

根据《中国注册会计师审计准则第1502号》，当存在下列情形之一时，注册会计师应当在审计报告中发表非无保留意见：第一，根据获取的审计证据，得出财务报表整体存在重大错报的结论；第二，无法获取充分、适当的审计证据，不能得出财务报表整体不存在重大错报的结论。

当审计人员确定不能出具无保留审计意见时，他需要进一步确定具体的非无保留审计意见类型。重要性是既定情况下确定恰当审计报告类型时需要考虑的一个基本因素，甚至可以认为，保留意见、否定意见以及拒绝表示意见之间的差别仅在于重要性程度不同。对审计报告而言，重要性的含义是：如果对财务报表中一项错报的理解会影响到一个理性报表使用者的决策，那么该项错报就是重要的。如果一项错报对被审计单位本期财务报表整体来说是不重要的，那么就可以出具无保留意见。当错报金额大到足以对财务报表整体产生不利影响时，情况便完全不同。在这种情况下，必须依据错报的性质，发表无法表示意见或否定意见。

根据重要性的定义，可以区分重要性的三个层次：第一，金额不重要。财务报表中存在错报，但其不影响理性使用者的决策，则可认为不重要，因此，就可以发表无保留意见。第二，金额重要，但没有影响财务报表整体。重要性的第二个层次是财务报表中的错报会影响使用者的决策，但财务报表整体仍然是公允表达的，因而是有用的。如果审计人员认为某项错报重要，但尚未影响财务报表整体，发表保留意见也是适当的。第三，金额非常大或牵扯非常广，对财务报表的整体公允性有严重影响。重要性处于最高层次时，使用者如果信赖财务报表整体，极有可能做出错误决策。当重要性达到该层次时，审计人员必须依据具体情况，发表无法表示意见或否定意见。当确定某一个例外事项是否非常重要时，必须考虑该例外事项对财务报表各部分的影响范围，这被称为"牵涉性"。错报牵涉面越广，发表否定意见而不是保留意见的可能性就越大。

特别需要指出的是，当审计师缺乏独立性时，无论涉及的金额大小，都必须发表无法表示意见。原因在于，任何偏离独立性要求的事项都被认为是非常重要的。

（三）注册会计师审计报告的内容与格式

经过多年发展，审计报告已实现了高度的标准化。它常被区分为标准审计报告和非标准审计报告。标准审计报告是指不含有说明段、强调事项段、其他事项段或其他任何修饰性用语的无保留意见的审计报告。其中,无保留意见是指当注册会计师认为财务报表在所有重大方面按照适用的财务报告编制基础编制并实现公允反映时发表的审计意见。包含其他报告责任段,但不含有强调事项段或其他事项段的无保留意见的审计报告也被视为标准审计报告。

非标准审计报告,是指带强调事项段或其他事项段的无保留意见的审计报告和非无保留意见的审计报告。非无保留意见的审计报告包括保留意见的审计报告、否定意见的审计报告和无法表示意见的审计报告。

根据《中国注册会计师审计准则第1501号》,审计报告应当包括九个要素:标题;收件人;引言段;管理层对财务报表的责任段;注册会计师的责任段;审计意见段;注册会计师的签名和盖章;会计师事务所的名称、地址和盖章;报告日期。

审计报告应当具有标题,统一规范为"审计报告"。审计报告应当按照审计业务约定的要求载明收件人。审计报告的引言段应当包括五个方面:指出被审计单位的名称;说明财务报表已经审计;指出构成整套财务报表的每一财务报表的名称;提及财务报表附注(包括重要会计政策概要和其他解释性信息);指明构成整套财务报表的每一财务报表的日期或涵盖的期间。

审计报告应当包含标题为"管理层对财务报表的责任"的段落。管理层对财务报表的责任段描述被审计单位中负责编制财务报表人员的责任。管理层对财务报表的责任段应当说明,编制财务报表是管理层的责任,这种责任包括:按照适用的财务报告编制基础编制财务报表,并使其实现公允反映;设计、执行和维护必要的内部控制,以使财务报表不存在由于错误导致的重大错报。

审计报告应当包含标题为"注册会计师的责任"的段落。注册会计师的责任段应当说明四项内容:第一,注册会计师的责任是在执行审计工作的基础上对财务报表发表审计意见。第二,注册会计师按照中国注册会计师审计准则的规定执行了审计工作。中国注册会计师审计准则要求注册会计师遵守中国注册会计师职业道德守则,计划和执行审计工作以对财务报表是否不存在重大错报获取合理保证。第三,审计工作涉及实施审计程序,以获取有关财务报表金额和披露的审计证据。选择的审计程序取决于注册会计师的判断,包括对由于错误导致的财务报表重大错报风险的评估。在进行风险评估时,注册会计师考虑与财务报表编制和公允列报相关的内部控制,以设计恰当的审计程序,但目的并非对内部控制的有效性发表意见。审计工作还包括评价管理层选用会计政策的恰当性和做出会计估计的合理性,以及评价财务报表的总体列报。第四,注册会计师相信获取的审计证据是充分、适当的,为其发表审计意见提供了基础。

审计报告应当包含标题为"审计意见"的段落。如果对财务报表发表无保留意见,除非法律法规另有规定,审计意见应当使用"财务报表在所有重大方面按照适用的财务报告编制基础（如企业会计准则等）编制，公允反映了……"的措辞。如果在审计意见中提及的适用的财务报告编制基础不是企业会计准则，而是国际财务报告准则、国际公共部门会计准则或者其他国家或地区的财务报告准则，注册会计师应当在审计意见段中指明国际财务报告准则或国际公共部门会计准则，或者财务报告准则所属的国家或地区。

除审计准则规定的注册会计师对财务报表出具审计报告的责任外，相关法律法规可能对注册会计师设定了其他报告责任；如果注册会计师在对财务报表出具的审计报告中履行其他报告责任，应当在审计报告中将其单独作为部分，并以"按照相关法律法规的要求报告的事项"为标题。如果审计报告包含"按照相关法律法规的要求报告的事项"部分，审计报告应当区分为"对财务报表出具的审计报告"和"按照相关法律法规的要求报告的事项"两部分。

三、注册会计师审计证据

审计工作的最终结果是提出审计意见，审计意见的表达离不开审计证据的收集和评价，任何审计无不把收集和评价证据放在中心位置。本质上，整个审计过程就是一个审计证据的计划、收集、评价、处理和运用过程。在审计过程中，审计计划的目的是为了规划审计证据的收集，审计实施是对审计证据的具体收集和评价，审计报告是审计人员基于所获取证据对审计对象表达意见。

（一）注册会计师审计证据的本质

根据《中国注册会计师审计准则第1301号》，审计证据是指注册会计师为了得出审计结论和形成审计意见而使用的信息。审计证据包括构成财务报表基础的会计记录所含有的信息和其他信息。会计记录，是指对初始会计分录形成的记录和支持性记录。例如，支票、电子资金转账记录、发票和合同；总分类账、明细分类账、会计分录以及对财务报表予以调整但未在账簿中反映的其他分录；支持成本分配、计算、调节和披露的手工计算表和电子数据表。

为了全面、科学地认识审计证据，有必要结合整个审计过程，以一种发展的观点动态地认识审计证据。审计过程是审计人员的一个动态学习过程，在他们表示最终意见之前，还必须经历很多中间过程。例如，审计人员在表示最终审计意见之前必须对财务报表有关组成部分形成结论，此前他们又要对相应组成部分的相关认定得出合理结论，进而需要对这些组成部分所涉及账户以及这些账户有关的交易类别、相关控制、所涉及的主题等取得相应的结论与看法，而这些结论与看法又不是最终的，最终结论又离不开它们。在这样一个迭代过程中，人们应该随其过程的发展以发展眼光正确认识审计证据。证据不仅被审计人员运用，也被科学家、律师、历史学家等专业人员广泛运用。

（二）注册会计师审计证据的证明力

审计证据是整个审计工作的中心，审计证据的判断则是审计工作中心的重心，各国审计准则都要求审计人员运用职业判断以确定审计证据是否充分且适当。审计证据的充分性与适当性决定了它们的证明力。审计人员需要运用职业判断以对审计证据的充分性及适当性，也就是说证明力得出结论，进而支撑其审计意见。

审计证据的充分性是对审计证据数量的衡量，主要与注册会计师确定的样本量有关。例如，对某个审计项目实施某一选定的审计程序，从 200 个样本中获得的证据要比从 100 个样本中获得的证据更充分。获取审计证据应当充分到足以将与每个重要认定相关的审计风险限制在可接受的水平。注册会计师需要获取审计证据的数量受其对重大错报风险评估的影响（评估的重大错报风险越高，需要的审计证据可能越多），并受审计证据质量的影响（审计证据质量越高，需要的审计证据可能越少）。然而，注册会计师仅靠获取更多的审计证据可能无法弥补其质量上的问题。

审计证据的适当性，是对审计证据质量的衡量，即审计证据在支持审计意见所依据的结论方面具有的相关性和可靠性。相关性和可靠性是审计证据适当性的核心内容，只有相关且可靠的审计证据才是高质量的。

1. 相关性

相关性，是指用作审计证据的信息、与审计程序的目的和所考虑的相关认定之间的逻辑联系。用作审计证据信息的相关性可能受测试方向的影响。例如，某审计程序的目的是测试应付账款的计价高估，则测试已记录的应付账款可能是相关的审计程序。另外，如果某审计程序的目的是测试应付账款的计价低估，则测试已记录的应付账款不是相关的审计程序，相关的审计程序可能是测试期后支出、未支付发票、供应商结算单以及发票未到的收货报告单等。特定的审计程序可能只为某些认定提供相关的审计证据，而与其他认定无关。例如，检查期后应收账款收回的记录和文件可以提供有关存在和计价的审计证据，但未必提供与截止测试相关的审计证据类似。有关某一特定认定（如存货的存在认定）的审计证据，不能替代与其他认定（如该存货的计价认定）相关的审计证据。但另一方面，不同来源或不同性质的审计证据可能与同一认定相关。

2. 可靠性

审计证据的可靠性是指证据的可信程度。审计证据的可靠性受其来源和性质的影响，并取决于获取审计证据的具体环境。判断审计证据可靠性的一般原则包括五点：第一，从被审计单位外部独立来源获取的审计证据比从其他来源获取的审计证据更可靠；第二，相关控制有效时，内部生成的审计证据比控制薄弱时内部生成的审计证据更可靠；第三，直接获取的审计证据比间接获取或推论得出的审计证据更可靠；第四，以文件记录形式（包括纸质、电子或其他介质）存在的审计证据比口头形式的审计证据更可靠；第五，从原件获取的审计证据比从复印、传真或通过拍摄、数字化或其他方式转化成电子形式的文件获取的审计证据更可靠。

3. 充分性与适当性

充分性和适当性是审计证据的两个重要特征，两者缺一不可，只有充分且适当的审计证据才是有证明力的。注册会计师需要获取审计证据的数量也受审计证据质量的影响。审计证据质量越高，需要的审计证据数量可能越少。换言之，审计证据的适当性会影响审计证据的充分性。需要注意的是，尽管审计证据的充分性和适当性相关，但如果审计证据的质量存在问题，那么注册会计师仅靠获取更多的审计证据可能无法弥补其质量上的缺陷。例如，注册会计师应当获取与销售收入完整性相关的证据，实际获取到的却是有关销售收入真实性的证据，审计证据与完整性目标不相关，即使获取的证据再多，也证明不了收入的完整性。同样地，如果注册会计师获取的证据不可靠，那么证据数量再多也难以起到证明作用。

（三）注册会计师审计证据决策

审计人员所做出的主要决策之一，就是确定为满足判断被审计单位财务报表各组成部分以及财务报表整体是否公允表达、被审计单位是否保持有效财务报告内部控制所应搜集证据的适当类型和数量。关于收集什么证据、收集多少证据的决策有四个方面：第一，选用何种审计程序；第二，对选定的审计程序，应当选取多大的样本规模；第三，应当从总体中选取哪些项目；第四，何时执行这些程序。

审计程序是指注册会计师在审计过程中的某个时间，对将要获取的某类审计证据如何进行收集的详细指令。在设计审计程序时，注册会计师通常使用规范的措辞或术语，以使审计人员能够准确理解和执行。

假定应收账款明细账合计有500家客户，注册会计师对应收账款明细账中300家客户进行函证。在确定样本规模之后，注册会计师应确定测试总体中的哪个或哪些项目。例如，注册会计师对应收账款明细账中余额较大的前200家客户进行函证，其余客户按一定规律抽取函证。

只有在综合考虑了适当性和充分性以及对之发生影响的各种因素的实际影响之后，才能对审计证据的证明力做出判断。四类证据决策与决定审计证据证明力的两项质量特征之间存在着直接关系。

审计人员在决定采用哪些审计程序时，有七大类审计程序可供选择。这些审计程序所获取的证据被称为审计证据的类型。它们分别是检查、函证、分析程序、询问、重新执行、重新计算、观察。在审计过程中，注册会计师可根据需要单独或综合运用这些审计程序，以获取充分、适当的审计证据。审计程序单独或组合起来，可用作风险评估程序、控制测试和实质性程序。

四、注册会计师审计过程

多年来，虽然审计的根本目标没有发生较大变化，但审计环境却发生了很大变化。注册审计师为了实现审计目标，一直随着审计环境的变化调整着审计方法。审计方法从早期的账项基础审计，演变到今天的风险导向审计。本质上，审计方法的变化都是注册会计师为了适应审计环境的变化而做出的调整。

（一）注册会计师审计风险模型

风险导向审计（Risk-oriented auditing approach）也称作风险基础审计（Risk-based auditing approach）。由于审计理念和审计技术方法上的差异，风险导向审计的发展又可以分为两个时期：传统风险导向审计时期和现代风险导向审计时期。其中，现代风险导向审计是建立在传统审计风险模型基础上，通过对财务报表固有风险和控制风险的量化评估以确定实质性测试的性质、时间和范围的一种审计模式。

最初开发的审计风险模型用方程式表示：审计风险（AR）＝固有风险（IR）×控制风险（CR）×检查风险（DR）。第一，审计风险是指当财务报表存在重大错报时注册会计师发表不恰当审计意见的可能性；第二，固有风险是指在考虑相关的内部控制之前，某类交易、账户余额或披露的某一认定易于发生错报（该错报单独或连同其他错报可能是重大的）的可能性；第三，控制风险是指某类交易、账户余额或披露的某一认定发生错报，该错报单独或连同其他错报可能是重大的，但没有被内部控制及时防止或发现并纠正的可能性；第四，检查风险是指如果存在某一错报，该错报单独或连同其他错报可能是重大的，注册会计师为将审计风险降至可接受的低水平而实施程序后没有发现这种错报的风险。

现代风险导向审计兴起于20世纪90年代，由国际大型会计师事务所倡导并在其内部逐渐推行，主要是以被审计单位的战略和经营风险为导向的一种审计模式。该审计方法经过多年辨论和修订，最终为国家审计与鉴证准则委员会（IAASB）以及多数国际准则制定机构所接受。

根据现代审计风险模型，重大错报风险是注册会计师确定计划检查风险的基础。根据《中国注册会计师审计准则第1101号》，重大错报风险是指财务报表在审计前存在重大错报的可能性，分为财务报表层次和认定层次。财务报表层次重大错报风险与财务报表整体存在广泛联系，可能影响多项认定。认定层次的重大错报风险由固有风险和控制风险两部分组成。固有风险是指在考虑相关的内部控制之前，某类交易、账户余额或披露的某一认定易于发生错报（该错报单独或连同其他错报可能是重大的）的可能性。

审计风险模型的构成，包括五类风险判断：审计风险、重大错报风险、固有风险、控制风险、检查风险。审计人员需运用职业判断，确定可接受的审计风险水平，评估重大错报风险，进而确定计划检查风险水平，以指导审计证据的获取。

（二）注册会计师风险评估

现代风险导向审计方法从企业的战略分析着手，通过"战略分析（经营业务流程分析）财务报表剩余风险分析"的分析思路，将财务报表重大错报风险与战略风险紧密联系起来。审计人员要想有效地控制审计风险，就必须从重大错报的产生源头入手。因此，整个审计过程就是风险评估和风险应对的过程。

审计人员了解客户所处环境、客户的风险和控制的过程的产出是一组审计人员认为可能对组织有重要意义的剩余风险：如果某种不利结果发生的可能性或影响程度很大，并且组织没能有效地缓解这种风险，则剩余风险可能是严重的。

总之，剩余风险可以从五个方面影响审计：第一，决定预期。剩余风险可以决定审计人员对有关财务成果的预期。然后，预期可以与实际结果做比较，以确定财务报告是否与基本经济情况相符。第二，对企业生存能力表示关注。剩余风险促使审计人员关注组织的持续经营能力并做出评价（持续经营事项）。第三，使重大错报风险加大。剩余风险可提供有关特定管理层认定发生错报的证据（说明有必要进行广泛的实质性测试）。第四，使控制风险加大。剩余风险可说明控制环境中存在着可能对个人行为产生负面影响的压力（组织面临的员工舞弊或虚假财务报告的风险加大）。第五，给客户提出改进建议。剩余风险突出可能需要进一步加强控制的那些领域。这可以作为给董事会和管理层提供建议的依据，也可以作为进一步扩大审计工作范围的依据。

《中国注册会计师审计准则第1211号——通过了解被审计单位及其环境识别和评估重大错报风险》作为专门规范风险评估的准则，规定注册会计师应当了解被审计单位及其环境，以充分识别和评估财务报表重大错报风险，设计和实施进一步审计程序。根据《中国注册会计师审计准则第1211号》，风险评估程序是指注册会计师为了解被审计单位及其环境，以识别和评估财务报表层次和认定层次的重大错报风险（无论该错报由于舞弊还是错误导致）而实施的审计程序风险评估程序，应包括：询问管理层以及被审计单位内部其他人员、分析程序、观察和检查。为了评估重大错报风险，审计人员需要做出一系列风险判断。

了解被审计单位及其环境是必要程序，特别是为注册会计师在以下六项关键环节做出职业判断提供重要基础：

（1）确定重要性水平，并随着审计工作的进程评估对重要性水平的判断是否仍然适当。

(2) 考虑会计政策的选择和运用是否恰当，以及财务报表的列报是否适当。

(3) 识别需要特别考虑的领域，包括关联方交易、管理层运用持续经营假设的合理性，或交易是否具有合理的商业目的等。

(4) 确定在实施分析程序时所使用的预期值。

(5) 设计和实施进一步审计程序，以将审计风险降至可接受的低水平。

(6) 评价所获取审计证据的充分性和适当性。了解被审计单位及其环境是一个连续和动态收集、更新与分析信息的过程，贯穿于整个审计过程的始终。注册会计师应当运用职业判断确定需要了解被审计单位及其环境的程度。

（三）注册会计师风险应对

对于审计人员而言，最为关键的风险判断就是他对重大错报风险的判断，对可能的风险做出应对，是检查工作的本质，应对越得力，检查风险就越小，反之，则越高。重大错报风险区分为财务报表整体层次和认定层次，风险应对也区分为对应的两个层次。

《中国注册会计师审计准则第1231号——针对评估的重大错报风险采取的应对措施》规范了注册会计师针对评估的重大错报风险确定总体应对措施，设计和实施进一步审计程序。注册会计师应当针对评估的重大错报风险实施程序，即针对评估的财务报表层次重大错报风险确定总体应对措施，并针对评估的认定层次重大错报风险设计和实施进一步审计程序，以将审计风险降至可接受的低水平。

在财务报表重大错报风险的评估过程中，注册会计师应当确定，识别的重大错报风险是与特定的某类交易、账户余额和披露的认定相关，还是与财务报表整体广泛相关，进而影响多项认定。如果是与财务报表整体广泛相关，则属于财务报表层次的重大错报。

注册会计师应当针对评估的财务报表层次重大错报风险确定下列总体应对措施：向项目组强调保持职业怀疑的必要性；指派更有经验或具有特殊技能的审计人员，或利用专家的工作；提供更多的指导；在选择拟实施的进一步审计程序时融入更多的不可预见的因素；对拟实施审计程序的性质、时间安排或范围做出总体修改。

为了应对风险，审计人员需要设计和实施进一步的审计程序。相对于风险评估程序而言，进一步审计程序是指注册会计师针对评估的各类交易、账户余额和披露认定层次重大错报风险实施的审计程序，包括控制测试和实质性程序。

在设计进一步审计程序时，注册会计师应当考虑以下五点因素：

(1) 风险的重要性。风险的重要性是指风险造成后果的严重程度。风险的后果越严重，就越需要注册会计师关注和重视，越需要精心设计有针对性的进一步审计程序。

(2) 重大错报发生的可能性越大，同样越需要注册会计师精心设计进一步审计程序。

(3) 涉及的各类交易、账户余额和披露的特征不同的交易、账户余额和披露，产生认定层次的重大错报风险也会存在差异，适用的审计程序也有差别，需要注册会计师区别对待，并设计有针对性的进一步审计程序予以应对。

（4）被审计单位采用的特定控制的性质。不同性质的控制（区分为人工控制和自动化控制）对注册会计师设计进一步审计程序具有重要影响。

（5）注册会计师是否拟获取审计证据，以确定内部控制在防止或发现并纠正重大错报方面的有效性。如果注册会计师在风险评估时预期内部控制运行有效，随后拟实施的进一步审计程序就必须包括控制测试，实质性程序自然会受到之前控制测试结果的影响。

作为进一步审计程序的类型之一，控制测试并非在任何情况下都需要实施。当存在下列情形之一时，注册会计师应当实施控制测试：第一，在评估认定层次重大错报风险时，预期控制的运行是有效的；第二，仅实施实质性程序并不能够提供认定层次充分、适当的审计证据。如果在评估认定层次重大错报风险时预期控制的运行是有效的，注册会计师应当实施控制测试，就控制在相关期间或时点的运行有效性获取充分、适当的审计证据。

第六节　财务审计理论研究

一、财务审计的目标

（一）不同主体的财务审计目标的区别

虽然财务审计都是以财务信息为直接的审计对象，但不同主体开展的财务审计在审计目标定位上是有一定差异的。

1. 政府审计的财务审计目标

政府审计是由政府审计机关代表政府依法进行的审计，主要监督和检查各级政府及其部门的财政收支及公共资金的收支、运用情况，同时也对政府及相关部门的绩效状况进行审计。政府审计的审计目标是法定的，是国家通过审计立法确定的。审计机关的审计人员在办理具体的审计项目时不能任意调整自己的审计目标。这一点与内部审计和注册会计师审计有很大的区别。

政府审计开展财务审计的目标在于揭露和反映被审计单位资产、负债和净资产或盈亏的真实情况，查处财政财务收支中各种违法违规问题，维护国家所有者权益，促进廉政建设，防止国有资产流失，为政府加强宏观调控服务。

2. 内部审计的财务审计目标

财务审计是内部审计部门的传统业务类型。内部审计部门开展财务审计的目标同政府审计一样，也是关注真实性、合法性、合规性。随着现代内部审计的转型与发展，审计重点从传统的财务领域转向风险管理与内部控制领域。很多组织将财务审计业务外包给会计师事务所，将更多的内部审计资源投入到更能发挥增值功能的非财务领域。与政府审计、注册会计师审计不同的是，内部审计即使开展财务审计，其最终目的仍然是透过财务问题表象，发掘经营管理中存在的提升绩效的机会。

3. 注册会计师审计的财务审计目标

注册会计师审计之财务报表审计，即注册会计师财务报表审计之目标，可分为两个层次：第一，财务报表审计的总目标。财务报表审计总目标是最高层次的目标，它是针对整个财务报表审计而言的；第二，与各类交易、账户余额、列报相关的具体审计目标。具体审计目标是在审计总目标的统驭下，以证实管理层的认定为出发点，针对各类交易、账户余额、列报的审计而确定的审计目标。

实际上，财务报表审计的总目标在注册会计师审计发展的不同阶段经历了若干次演变。在详细审计阶段，查错防弊是这一阶段的审计目标；在资产负债表阶段，审计目标是对历史财务信息进行鉴证，查错防弊目标虽依然存在，但已退居第二位，审计的功能从防护性发展到公正性；在财务报表审计阶段，审计目标不再局限于查错防弊和历史财务信息公证，而向管理领域深入和发展。

根据《中国注册会计师审计准则第 1101 号——财务报表审计的目标和一般原则》的规定，财务报表审计的目标是注册会计师通过执行审计工作，对财务报表的两个方面发表审计意见：第一，财务报表是否按照适用的会计准则和相关会计制度的规定编制；第二，财务报表是否在所有重大方面公允反映被审计单位的财务状况、经营成果和现金流量。因此，可以将注册会计师审计的总目标概括为对被审计单位财务报表的合法性和公允性发表意见。

与政府审计、内部审计不同的是，注册会计师审计开展财务审计，尤其是对上市公司进行审计，除了受股东和董事会的委托，需履行受托责任之外，还要对广大的潜在投资人负责，对整个资本市场负责，履行社会责任。因此，注册会计师财务审计的一个重要的目标是财务报表是否得到公允表达，即公允性。

（二）影响财务审计理论目标的因素

1. 社会需求的因素

财务审计产生和发展的历史演变证明，社会需求是影响财务审计目标的根本因素。在审计萌芽时期，所有者最关心的是财产经营管理者的诚实和可靠性，因此查找舞弊成为财务审计的目标。

19 世纪末 20 世纪初，随着企业生产的发展和规模的日益扩大，企业资金主要依赖银行贷款，债权人需要审计人员证明资产负债表所反映的企业偿债能力。因此，财务审计的目标变为确定资产负债表的公允性。20世纪三四十年代，随着资本市场的迅速发展，投资者也开始关心企业的经营成果，需要了解全部财务报表反映的财务状况、经营成果，财务审计的目标又进一步演进为验证全部财务报表的公允性。

2. 审计能力的因素

社会环境对审计需求的不断扩大和对审计作用的过高期望，常常使人们卷入责任诉讼纠纷。当审计的能力不能达到社会的全部期望时，或者说，当社会与审计职业界对审计的内容和要求认识不一致时，就出现了"期望差"，这是双方在目标上所存在的差距。实际上，审计自产生以来，审计人员始终为满足社会的需求而努力，但始终无法完全满足社会的需求，始终处于被动状态。所以，审计能力满足社会需求是相对的，而不是绝对的。

影响审计能力的因素是多方面的，有审计技术方面的、审计人员素质方面的、审计的时间限制以及审计委托人所能承担的费用等原因，其中既有主观原因，也有客观原因。审计能力的有限性限制了审计满足社会要求的程度，它在审计目标的确立中起着平衡作用，只有当审计具备了满足社会需求的能力时，这种社会需求才能成为审计目标。

二、财务审计方法的阶段

按照历史的顺序，财务审计方法的发展大致可以分为一个阶段：账项基础审计阶段、制度基础审计阶段、风险导向审计阶段。

（一）账项基础审计阶段

账项基础审计以检查会计凭证为重点，其产生有特定的历史背景。在审计发展的早期，大约19世纪末前，企业组织结构简单，业务性质单一。由于早期获取审计证据的方法比较简单，注册会计师将大部分精力用来详细检查会计凭证和账簿，所以称为详细审计。审计都是以审查账面上的会计事项为主线，故称为账项基础审计（accounting number-based audit approach）。

详细审计实际上是重复会计人员的全部工作，即审计人员按照会计人员做账的程序和方法重新独立复核。因此，该阶段的审计程序基本上等同于会计记账程序，从原始凭证的取得、记账凭证的编制、账簿的登记、收益的确定到会计报表的编制，逐一进行全面检查。详细审计成本高、效率低，因为这种审计要耗费人力与时间，要进行大量的重复劳动。

到了19世纪末，资本主义市场经济迅速发展，经济组织规模和经营范围都日益扩大，会计记录的数量不断增加、内容日趋复杂，不仅审计人员无法承受对会计记录进行全面验证的巨额成本，会计信息的使用者也无法接受全面审计的缓慢效率。同时，随着管理理论的现代化和管理手段的科学化，经济组织的内部控制制度日渐完善，能够发挥保护财产安全、完整和保证会计资料真实、可靠的作用。因此，不全面验证经济业务，而是进行抽样审计，在审计实践中不仅必要，并且可行。

账项基础审计存在很大的缺点：首先，是人力和时间的巨大耗费，因为对每一笔业务从原始凭证开始，经历各种会计文件的形成以及在会计系统内的周转过程，这样的详细审查是一项繁重复杂的工作。即使使用了抽查的技术，但是由于业务的急剧扩展和审计方式本身的严重局限，审计工作效率较低，其次，当时的抽样技术还较为有限，加之对会计系统和内部控制制度了解不足和抽样审计本身的局限性，使得风险进一步加大，容易遗漏有问题的重大项目。最后，由于审计人员主要检查会计报表和会计账簿，而对会计工作中的程序性错误以及内部控制制度缺乏鉴别力，即使查出技术性错误，也无法追根溯源。

（二）制度基础审计阶段

1. 制度基础审计的意义

19 世纪末，随着企业规模的扩大和组织结构的日益复杂，经济活动和交易事项内容不断丰富、复杂，审计工作量迅速增大，使得详细审计难以实施，职业界开始探索使用抽样审计。然而，抽样审计有其固有的局限性，审计师对企业风险、样本取舍、误差范围乃至误差率的估计都有相当的难度。为了进一步提高审计效率，改变抽样审计的随意性，审计师将审计的视角转向企业的管理制度，特别是会计信息赖以生成的内部控制，将内部控制与抽样审计相结合。因为设计合理并且执行有效的内部控制可以保证会计报表的可靠性，防止重大错误和舞弊的发生。

从 20 世纪 50 年代起，以内部控制测试为基础的抽样审计在西方国家得到广泛应用，从方法论的角度看，这种方法被称作制度基础审计法（system-based audit approach）。

2. 制度基础审计的特点

制度基础审计要求审计人员了解委托单位的内部控制制度，强调对内部控制制度的评价，在此基础上确定实质性测试的时间、范围以及程度，这就改变了对经济业务结果进行详细审计的传统做法。实际上，从资产负债表审计开始发展时就已经提出对内部控制制度可靠性的要求。

20 世纪初的资产负债表审计虽然只是对企业期末财务状况的静态数，审计的主要目标是证明企业会计记录的准确无误，但是，这时已经产生了评价内部控制制度可靠性的需要，这种最初的对评价内部控制制度可靠性的需要，可以说就是制度基础。初步运用制度基础审计，首先确定经济组织内部控制制度的问题，进而判明财产保全和会计记录真实性上可能存在的缺陷，并对此进行详细考证、分析，以查明错弊。

在现代经济环境中，信息技术与科学管理方法相融合，使得经济组织内部控制制度的作用机制更趋完善，内部控制制度与财产和会计记录错弊发生的可能性之间的相关性也越来强。同时，在20世纪60年代中期以后，审计风险成为审计人员关注的核心。审计人员把内部控制制度是否健全和有效实行作为发现财产和会计记录存在错弊的基础，这样既能有效控制审计风险，又能提高审计效率，从而克服抽样审计方法的随机性与主观性的缺点。

此时，审计工作已经不再是主要强调检查账目的准确性和揭发舞弊行为，而是验证财务报表是否真实、公允地反映。被审计单位的财务状况、经营成果和现金流量，财务报表的外部使用者也将注意力越来越多地转向企业的经营管理方面，这就要求审计人员深入、全面地了解组织的内部控制制度。

3. 制度基础审计的限制性

制度基础审计不是任何情况下均适用，它必须以内部控制系统的存在并可以信赖为前提：制度基础审计存在一项无法解决的问题，那就是基于内部控制系统的审计模式没有与审计风险结合起来，没有为有效降低审计风险提供指南和帮助，而且影响审计风险的因素要远远超出内部控制系统的作用范围。

审计风险受到企业固有风险因素的影响，如管理人员的品行和能力、行业所处环境、业务性质、容易产生错报的会计报表项目、容易受到损失或被挪用的资产等详尽的风险，又受到内部控制风险因素的影响，如账户余额或各类交易存在错报，内部控制未能防止、发现或纠正的风险，还会受到审计师实施审计程序未能发现账户余额或各类交易存在错报风险的影响，因此，审计师以内部控制测试为基础实施抽样审计，就很难将审计风险降至可接受的水平。

（三）风险导向审计阶段

1. 风险导向审计的意义

审计风险是指会计报表存在重大错报或漏报，而审计人员审计后发表不恰当意见的可能性，用公式表达为：审计风险＝固有风险×控制风险×检查风险。审计师以审计风险模型为基础进行的审计可称为风险导向审计方法（risk-oriented audit approach）。

2. 风险导向审计的特点

风险导向审计最显著的特点是将被审计单位置于一个大的经济环境中，运用立体观察的理论来判断影响因素，从企业所处的商业环境、条件到经营方式和管理机制等构成控制架构的内外部各个方面来分析评估审计的风险水平，把被审计单位的经营风险植入到本身的风险评价中去。

风险导向审计模式的精髓在于：通过外围的了解、观察、分析和评估来确定审计的范围和重点，选择适当的审计程序和方法。虽然风险导向审计与制度基础审计在许多程序上有着相同之处，但风险导向审计将被审计单位置于一个大的经济环境中，全方位地判断影响因素，从企业所处的商业环境、条件到经营方式和管理机制等内外两个方面来分析评估,并且这种评估比单纯的账项检查更为重要。

风险导向审计模式更加重视两个概念:重要性和审计风险。重要性和审计风险在编制审计计划和设计审计方法中起着关键作用。

3. 风险导向审计的限制性

(1)审计风险模型是一种计划模型,因此,在用于评价审计结果时受到一定的限制。风险模型一经确定,相应的审计计划一旦编好,固有风险和控制风险的计划因素就不应根据取得的审计证据而调整。如果审计证据表明,存在超过某些可容忍金额的错误,则应摒弃该模型并重新构建一个新模型,执行充分的审计程序,以较高的肯定程度查明和计算存在的错误,把审计风险降低到可接受的水平。

(2)审计风险模型中,审计风险分布于审计的全过程,即审计的终极风险是审计过程中各个阶段单个风险的函数审计风险模型。首先要解决的问题是可接受的期望审计风险水平的大小,这个问题是相当主观的,没有专门的理论框架或指南为确定期望的审计风险提供科学的依据。因此,审计师很难合理恰当地评估审计风险。

(3)重要性是与审计风险相关联的一个概念,与审计风险一样,对重要性的判断也是相当主观的。这是因为审计重要性具有以下两个特点:

第一,质量方面的特征表现在财务报表性质上的错误会改变财务报表使用者的决策,比如,损益数额的错误,如果不改变损益的性质,可视为不重要,但是如果该错误使报表从亏损变成赢利,或者损益由下降趋势变为上升趋势,即使数额很小,也应该将其视为重要事项。这些难以用数量表示的重要错报往往不易发现。

第二,从数量上来看,重要性水平亦具有相对性,不同经营性质和经营规模的企业,其重要性水平是不一样的,而且重要性界限的计算基础也不一样,各个不同的利益群体在决策时对重要性的要求也不同。上述这些问题都会给审计师的判断带来相当大的困难。

第七节 合规审计理论研究

一、合规审计的原因与本质

(一)合规审计的原因

审计源于委托代理关系,是委托人对代理人进行问责的重要内容。就合规审计来说,源于委托人对代理人是否遵守相关法律、法规、制度和合同进行问责的重要内容。在委托代理关系中,委托人会给代理人一些资源和权力,同时,也会有一些希望或要求,这些期望或要求，有的是明晰的，可以称为显性合约，有的是隐含的或理所当然的，这种性质的合约称为隐性合约。无论是通过隐性合约或显性合约，委托人都期望或要求代理人遵守相关的法律、法规、制度和合同。

委托人会期望或要求代理人遵守相关的法律、法规、制度和合同的原因主要有两方面：第一，有些法律、法规、制度和合同本身就是委托人制定的，当然期望或要求代理人遵守；第二，即使这些法律、法规、制度和合同不是委托人制定的，如果违反这些法律、法规、制度和合同，可能会直接或间接地给委托人带来负面影响，委托人为了避免这种负面影响，会要求代理人遵守这些法律、法规、制度和合同。所以，总体而言，正是由于委托人源于其自身利益，会要求代理人遵守相关的法律、法规、制度和合同。

一般而言，由于委托人与代理人之间存在激励不相容和信息不对称，代理人有可能背离委托人的利益或不忠实委托人意图而采取机会主义行为。激励不相容和信息不对称是代理人机会主义行为的前提，激励不相容是激励相容的对立面，激励相容是指每个理性经济人都会有自利的一面，其个人行为会按自利的规则行动，如果能有一种制度安排，使代理人追求个人利益的行为，正好与委托人的目标相吻合，这一制度安排就是激励相容。

信息不对称是指代理人拥有委托人无法拥有的信息或拥有的信息数量或质量高于委托人，如果没有激励不相容，则代理人就没有动机来实施机会主义行为。如果不存在信息不对称，则代理人的机会主义行为就会被委托人发现，在这种情形下，代理人也就难以实行机会主义行为了。

就相关的法律、法规、制度和合同的遵守而言，委托人与代理人之间存在激励不相容和信息不对称，从而代理人能出现机会主义行为。首先，是否遵守相关法律、法规、制度和合同对于委托人和代理人来说，可能存在激励不相容，换言之，在某些情形下，对于代理人来说，不遵守相关的法律、法规、制度和合同的利益可能大于其遵守相关的法律、法规、制度和合同时的利益，所以，代理人有不遵守相关的法律、法规、制度和合同的冲动；其次，就相关法律、法规、制度和合同的遵守相关信息来说，代理人有信息优势，代理人掌握的信息数量和质量都高于委托人（如果委托人做到对于相关信息的掌握与代理人一致，则委托人要付出很多努力和资源，委托代理关系本身已经没有意义了）。正是由于激励不相容和信息不对称的存在，代理人可能出现违背委托人的期望，不遵守相关法律、法规、制度和合同的机会主义行为。

委托人作为理性人，当然会预期到代理人这种机会主义行为，并且不会坐视不管，委托人会建立应对代理人机会主义行为的应对机制，这个机制包括制衡机制、激励机制和问责机制，合规审计是问责机制的重要内容。

(二）合规审计的本质

合规审计是对代理人是否遵守相关法律、法规、制度和合同的鉴证，并将这种鉴证结果报告给委托人。

审计标准就是代理人应该遵守的既定标准，也就是委托人对代理人的期望或要求，就合规审计来说，就是遵守相关的法律、法规、制度和合同，这是判断代理人行为是否合规的标准或尺度。一般而言，审计标准是既定的，审计人员要做的是选择适宜的审计标准，也就是适宜的法律、法规、制度和合同。

审计取证就是以系统的方法获得证据，以清楚代理人行为的真实状况。分为两种情形：第一，代理人有行为报告（此时，审计人员要做的是鉴证这些信息的真实性，这种审计业务称为基于责任方认定业务）。第二，代理人没有行为报告。此时，审计人员要自己获得关于代理人行为的信息并鉴证这些信息的真实性，这种审计业务称为直接报告业务。对于相关的法律、法规、制度和合同遵守情况，代理人可能没有专门的信息报告，所以，审计人员需要自己通过系统的方法来获得代理人合规性方面的信息并鉴证这些信息的真实性。一般而言，合规审计是直接报告业务。需要特别要强调的是，审计人员是通过系统方法来获得证据，而不是随意的方法来获取证据，这就说明，合规审计有自己一整套独特的审计技术方法体系。

在清楚代理人的事实真相之后，将代理人的行为与既定标准进行比较，判断二者之间的相符程度。就合规审计而言，也就是判断代理人对相关法律、法规、制度和合同的遵守程度。从理论方面而言，有两种情形：第一，合规，也就是代理人行为完全符合相关的法律、法规、制度和合同；第二，违规，也就是代理人一定程度上违背了相关的法律、法规、制度和合同。

一般而言，代理人完全符合相关的法律、法规、制度和合同，是一种理想的境界。所以，大多数情形下，可能是违规。此时，需要对违规的严重程度进行判断，总体而言，可能出现三种情形：第一，严重违规。严重违规是违反相关的法律、法规、制度和合同，已经构成犯罪，此时，审计人员已经无能为力，要移交司法机关进行处理。第二，显著违规。显著违规是指代理人违规行为没有达到严重违规的程度，但是，已经超出了委托人的容忍程度，此时，审计人员要发表否定性的审计意见，换言之，明确表明代理人违规了。第三，轻度违规。轻度违规是代理人有违规行为，但是，其严重程度没有达到显著违规的程度，换言之，这种违规行为还在委托人的容忍范围之内，此时，审计人员要发表肯定性意见，明确表明代理人遵守相关的法律、法规、制度和合同。当然，这里的关键问题是对于严重违规、显著违规和轻度违规的划分，可以从定性和定量两个角度来考虑，财务报表审计中的重要性水平的确定可以作为参考。

审计人员的审计结论，需要以审计报告的形式来体现，将形成审计结论的事实依据及审计结论本身传达给委托人。有一个关键的问题是，审计人员对审计结论的置信度，也就是对审计结论是否正确的把握程度，由于审计人员是根据审计证据以搞清楚事实真相，在此基础上，将事实与审计标准进行对照，以判断二者的相符程度。这个过程充满着职业判断，所以，很难做到对审计结论有绝对把握。另外，如果审计结论的置信度太低，审计结论的使用者也就无法有效使用审计结论。因此，审计结论的置信度也不能太低。所以，审计结论应该有足够而不是绝对的置信度。一般而言，有两种选择：有限保证和合理保证。

就合规审计而言，合理保证指审计人员对代理人合规程度做出的一种判断，这种判断的置信度相对较高，一般以积极或正面的方式提出。而有限保证指审计人员对代理人合规程度做出的一种判断，这种判断的置信度足够高但低于合理保证，一般以消极或负面的方式提出。例如，就合规审计来说，"经审计，人们认为，某单位不存在重大违规问题"，这种方式属于合理保证；而"经审计，人们未发现某单位存在重大违规问题"，这种方式属于有限保证。不存在重大违规问题是以积极或正面的方式发表审计意见，存在重大违规问题是以消极或负面的方式发表审计意见。

二、合规审计的目标

（一）合规审计目标的界定

审计目标是指人们在特定的社会历史环境中，期望通过审计实践活动达到的结果，这种结果又分为直接结果和最终结果，直接结果是审计实践活动的直接产出。而最终结果是通过审计产出而产生的结果。所以，审计目标也可以区分为直接目标和最终目标。

就合规审计来说，直接目标是通过合规审计所获得的直接产出。这种产出是鉴证被审计单位（也称为代理人）对相关法律、法规、制度和合同的遵守程度，产出的形式是审计结论，并且以审计报告作为载体。如果合规审计目标只是鉴证被审计单位（也称为代理人）对相关法律、法规、制度和合同的遵守程度，这种审计目标定位称为批判性定位，也就是说，只是对代理人的实际行为与既定标准的相符程度发表意见。

审计目标还有另外一种定位，就是在鉴证被审计单位（也称为代理人）对相关法律、法规、制度和合同遵守程度的基础上，如果被审计单位出现了违规行为，审计人员要分析其违规的原因，并且针对违规的原因提出整改建议，甚至推动整改。这种审计目标定位显然是包括了批判性审计目标的全部内容，但是，在批判性审计目标的基础上又往前推进了，这种目标定位称为建设性定位。合规审计目标是选择批判性定位还是选择建设性定位，由委托人的需求决定。内部审计、政府审计从事合规审计时，可能偏向建设性定位，而注册会计师从事合规审计时，可能偏向批判性定位。

合规审计的最终目标是通过对合规审计产出的使用而产生的结果。合规审计产出找到了被审计单位违背法律、法规、制度和合同的情形,如果选择建设性目标定位,还会找出违规的原因并针对这些原因进行整改。通过上述活动,被审计单位的违规行为会得到抑制,遵守法律、法规、制度和合同的程度会提高。这是合规审计的最终结果,也是最终目标。从某种程度来说,这也是委托人对代理人的期望。

(二)合规审计目标与相关领域目标的厘清

由于合规审计是对被审计单位相关法律、法规、制度和合同遵守程度的鉴证,其审计目标与某些相关领域的目标有密切关联,有时容易混淆。

1. 合规审计目标与监察目标的厘清

《中华人民共和国行政监察法》第十八条规定:监察机关检查国家行政机关在遵守和执行法律、法规和人民政府的决定、命令中的问题。根据这个规定,监察机关关注国家行政机关是否遵守和执行法律、法规和人民政府的决定、命令。从这个角度来看,合规审计目标与监察目标有很大的类似之处。

但二者存在重要的区别:第一,合规审计在鉴证被审计单位对相关法律、法规、制度和合同的遵守程度时,主要关注财经领域的相关法律、法规、制度和合同,对其他领域的法律、法规不特别关注。而监察则不同,关注的领域主要是行政法律法规,监察与合规审计形成相对的分工。第二,合规审计一般是有计划地主动开展工作,也就是说,并不需要有特别的线索才开展合规审计;而监察则一般需要有一定的线索(例如,接到举报或其他单位移送),根据这条线索进行专项调查。

2. 合规审计目标与司法目标的厘清

合规审计鉴证被审计单位对相关法律、法规、制度和合同的遵守程度,并且主要关注的是财经领域的相关法律、法规、制度和合同,对其他领域的法律、法规不特别关注。公安、检察、法院都在做执法工作,这些机构的执行工作当然也包括财经领域的相关法律、法规。这些机构的工作目标与合规审计目标有一定的关联,当合规审计发现被审计单位严重违规,也就是说,审计人员初步判断被审计单位违反相关法律、法规、制度和合同的行为已经构成犯罪嫌疑,此时,审计人员已经无能为力,要移交司法机关进行处理。

一般来说,审计机构移送的审计证据只能作为司法机关的工作线索,不宜直接作为司法证据,审计机构本身也不要期望审计证据直接成为司法证据,因为审计和司法是两类不同的工作,各有自己的系统方法和工作准则,如果审计证据要成为司法证据,审计成本会极大地提高,对于整个社会来说,这不是一种适宜的制度安排。

合规审计和经济司法工作,除了联系之外,更重要的是有区别。一般来说,经济司法工作分为两类:第一,公诉。在公诉的情况下,公诉机关是根据一些线索来进行侦查以获取司法证据,在没有线索的情形下,公诉机关一般不会采取系统化的方法对某人或某单位进行侦查。第二,自诉。在自诉的情形下,当事人不诉讼,司法机关不会采取司法行动。所以,无论是公诉还是自诉,司法机关都是响应式地工作,线索或当事人诉讼是司法机关开展工作的前提,没有这些前提条件,司法工作便处于"待命"状态。合规审计则不同,它不需要以线索为前提(当然不排除在审计之前已经得到一些线索),它不是响应式地工作,而是积极式地、有计划地选择审计项目,针对选定的审计项目开展工作。

三、合规审计的标准

审计标准也称为审计依据,是审计人员据以做出审计结论、提出处理意见的客观尺度。因此,合规审计标准分为两个方面:第一,作为被审计单位行为的既定标准,是审计人员做出审计结论的依据,这是一般意义上的审计标准;第二,如果审计人员有处理处罚权,则对于被审计单位背离既定标准的行为要进行处理处罚,审计人员做出处理处罚的依据也是一种审计标准。人们将前一种审计标准称为审计定性标准,后一种审计标准称为审计处理处罚标准。

(一)合规审计标准的特性

合规审计标准是合规审计中判断被审计单位(代理人)行为是否合规的标准或依据,也就是既定标准,凡是被审计单位(代理人)应该遵守的法律、法规、制度和合同都是审计标准。合规审计标准具有以下五个特性:

(1)权威性。合规审计标准是判断被审计单位各项活动合法性的准则,因此,任何合规审计标准必须具有一定的权威性或公认性,否则,不足以引用为依据。当然,不同层次的依据,其权威性大小不一样。

(2)层次性。外部制定的合规审计标准一般是由国家机关、管理部门、业务部门、技术部门和单位制定的,因管辖范围和权威性大小不同而有不同的层次。一般来说,制定的单位级别越高,其权威性越大。

(3)地域性。因为各地区的社会经济制度和生产力发展水平不同,其合规审计标准和内容也各不相同,因此一个地区不能照搬另一个地区的合规审计标准。我国各地区、各部门的实际情况和发展水平也不相同,因此,其适用的合规审计标准也各不相同。审计人员在进行审计判断时,必须注意到地区差别、行业差别和单位差别。

(4)时效性。各种合规审计标准都有一定的时效性,不是在任何时期、任何条件下都适用。审计人员在审计工作中,必须密切注意各种依据的变化,选用在被审计事项发生时有效的判断依据,不能以过时的法律、法规、规章制度作为判断依据,更不能以旧的合规审计标准来否定现行的活动,或用新的合规审计标准来否定过去的活动。

(5) 相关性。合规审计标准的相关性，主要是指所引用的合规审计标准应与被审计项目和应鉴证的目标相关，表现在所选用的依据与被审计事项是相关的，能够判定被审计事项是否合法。

（二）合规审计标准的分类

合规审计标准可按不同的方法进行分类，不同种类的合规审计标准有着不同的用途。对合规审计标准进行适当的分类，有利于审计人员根据需要选用恰当的合规审计标准。

按合规审计标准来源渠道分类，合规审计标准可以分为外部制定的合规审计标准和内部制定的合规审计标准。外部制定的合规审计标准包括：国家制定的法律、法规、条例、政策、制度；地方政府、上级主管部门颁发的规章制度和下达的通知、指示文件等；涉外被审计事项所引国际惯例的条约等。内部制定的合规审计标准包括：审计单位制定的经营方针一、任务目标、计划预算、各种定额、经济合同、各项指标和各项规定制度等。

按合规审计标准性质内容分类，合规审计标准包括四点内容：第一，法律、法规。法律是国家立法机关依照立法程序制定和颁布，由国家强制保证执行的行为规范的总称。如宪法、刑法、民法、会计法、审计法、预算法、税收征管法、海关法、各种税法、企业法、公司法、经济合同法等。法规是由国家行政机关制定的各种法令、条例、规定等。第二，规章制度。主要有国务院各部委根据法律和国务院的行政法规制定的规章制度；省、自治区、直辖市根据法律和国务院的行政法规制定的规章制度；被审计单位上级主管部门和被审计单位内部制定的各种规章制度等。第三，预算、计划、合同。如国家机关事业单位编制的经费预算，企业单位制订的各种经济计划，被审计单位与其他单位签订的各种经济合同等。第四，业务规范、技术经济标准。如人员配备定额、工作质量标准、原材料消耗定额、工时定额、能源消耗定额、设备利用定额等。

按合规审计标准衡量对象分类，合规审计标准包括财务合规审计标准、业务合规审计标准和管理合规审计标准。财务合规审计的主要目标是对被审计单位财务活动的合规性做出鉴证。因此，财务合规审计的主要依据包括：国家的有关财务法律、法规；国家主要部门或地方各级政府制定的财务规章制度；单位自己制定的财务制度、财务计划、财务预算、财务合同等。业务合规审计的主要目标是对被审计单位业务活动的合规性做出鉴证。因此，业务合规审计的主要依据包括：国家的有关业务法律、法规；国家主要部门或地方各级政府制定的业务规章制度；单位自己制定的业务制度、业务计划、业务预算、业务合同等。

管理合规审计的主要目标是对被审计单位除了业务活动和财务活动之外的其他管理活动的合规性做出鉴证。因此，管理合规审计的主要依据包括：国家的有关管理法律、法规；国家主要部门或地方各级政府制定的管理规章制度；单位自己制定的管理制度、管理计划、管理预算、管理合同等。

（三）合规审计的处理处罚标准

在合规审计中，当委托人将一定的处理处罚权交给审计机构时，审计人员就需要对被审计单位的违规行为进行处理和处罚。但是，审计人员在做出处理处罚时并不是随心所欲的，而必须根据一定的标准来做出处理处罚决定，此时，就产生了合规审计处理处罚标准。

一般来说，注册会计师审计组织不会有处理处罚权，内部审计机构根据本组织的具体情况，也不一定会有处理处罚权，我国的国家审计机关属于行政系列，有处理处罚权。

《中华人民共和国审计法实施条例》规定，对被审计单位违反国家规定的财务收支行为，审计机关在法定职权范围内，区别情况采取审计法规定的处理措施。法律、行政法规对被审计单位违反国家规定的财务收支行为处理、处罚另有规定的，从其规定。根据这项规定，我国的国家审计机关处理处罚标准包括四种类型，并且从逻辑上来说，要逐步应用。

(1)《中华人民共和国行政处罚法》。我国国家审计机关属于行政系列，所以，其做出的处理处罚决定是一种行政处罚，必须符合《中华人民共和国行政处罚法》的要求。当然，《中华人民共和国行政处罚法》是原则性条款，具体如何做出审计处理处罚决定，还需要根据其他法律法规。

(2) 特定事宜的专门法律法规。合规审计发现被审计单位在某方面存在问题，如果针对该领域的专门法律法规对于违规行为有明文处理处罚规定，则审计机关在做出处理处罚决定时，应该遵守该项专门法律法规的规定。例如，审计机关发现某单位将公款以个人名义转为储蓄存款，根据《储蓄管理条例》和中国人民银行《人民币单位存款管理办法》，将该行为定性为公款私存。

《现金管理暂行条例实施细则》第二十条第十三款规定：将单位的现金收入以个人储蓄方式存入银行的，按存入金额30%~50%处罚。审计机关可以根据《现金管理暂行条例实施细则》对该单位进行处理处罚。又如，审计机关发现某单位在本单位财务会计部门账外或未纳入预算管理私存私放资金，根据国务院办公厅《转发财政部、审计署、中国人民银行关于清理检查"小金库"意见的通知》第一条规定：凡违反国家财经法规及其他有关规定，侵占截留国家和单位收入，未列入本单位财务会计部门账内或未纳入预算管理，私存私放的各项资金均属小金库。定性为"小金库"之后，进行的相关处理处罚需寻找审计处理处罚标准，根据国务院办公厅《转发财政部、审计署、中国人民银行关于清理检查"小金库"意见的通知》的规定：小金库资金，要如数转入单位财务账内，按照税法有关规定单独计算缴纳流转税、所得税或全额上缴财政。审计机关可以做出上缴财政的处理处罚决定。

（3）《财政违法行为处罚处分条例》。国务院于2004年发布的《财政违法行为处罚处分条例》对财政违法行为的处理处罚做出了规范。审计机关发现被审计单位的财政违法行为，如果相关的专门法律法规对处理处罚没有明文规定，则审计机关应该根据《财政违法行为处罚处分条例》做出处理处罚规定。

（4）《中华人民共和国审计法》及其实施条例。审计机关发现了被审计单位的违规问题，不属于财政违法行为，相关的专门法律法规对处理处罚没有明文规定，则审计机关根据《中华人民共和国审计法》及其实施条例做出处理处罚决定。《中华人民共和国审计法》第四十五条规定：对本级各部门（含直属单位）和下级政府违反预算的行为或者其他违反国家规定的财政收支行为，审计机关、人民政府或者有关主管部门在法定职权范围内，依照法律、行政法规的规定，区别情况采取下列处理措施：责令限期缴纳应当上缴的款项；责令限期退还被侵占的国有资产；责令限期退还违法所得；责令按照国家统一的会计制度的有关规定进行处理；其他处理措施。

《中华人民共和国审计法实施条例》第四十九条规定：对被审计单位违反国家规定的财务收支行为，审计机关在法定职权范围内，区别情况采取审计法第四十五条规定的处理措施，可以通报批评，给予警告；有违法所得的，没收违法所得，并处违法所得1倍以上5倍以下的罚款；没有违法所得的，可以处5万元以下的罚款；对直接负责的主管人员和其他直接责任人员，可以处2万元以下的罚款，审计机关认为应当给予处分的，向有关主管机关、单位提出给予处分的建议；构成犯罪的，依法追究刑事责任。法律、行政法规对被审计单位违反国家规定的财务收支行为处理、处罚另有规定的，从其规定。

第八节　绩效审计理论研究

一、绩效审计的认知

（一）绩效审计的动因与本质分析

1. 绩效审计的动因

绩效审计产生的动因与受托责任变化密切相关。委托代理下的受托责任是不断发展变化的。当财产所有者把他们所拥有的财产委托给他人代为管理或经营时，在二者之间就产生了受托责任，受托责任是审计产生的动因。受托责任是指在委托代理制度下，代理人应对委托人承担的一系列责任，受托责任的发展是审计发展的动因。

审计随着委托代理制度的产生而产生，并随着委托代理制度的发展而发展。在委托代理制度的早期，委托人授予代理人的主要是财产的管理权，代理人所要承担的是受托经济责任，主要是保护财产的安全与完整，使财产保值。早期的受托经济责任体现为受托财政关系，具有垂直性、强制性和政治色彩，产生了国家审计；后来，随着委托代理制度在社会生活中的日益普遍，受托经济责任体现为契约关系和管理分权型受托责任关系，具有横向性、自愿性和经济色彩，注册会计师审计和内部审计产生了。受托责任的内容也得以扩大，代理人除了获得财产的管理权外，更主要的是获得了财产的经营权，此时代理人就可以支配运用和处置所管理的财产。他们不但要使财产保值，更重要的是要使财产增值，同时，随着利益相关者理论的兴起，受托责任的内涵扩展到社会责任、环保责任、质量责任等内容。总之，受托责任经历了由受托财务责任向受托管理（经营）责任发展，由程序性受托责任向结果性受托责任发展。

在委托代理关系下，由于双方目标的非完全一致性和信息的非对称性，加之环境不确定，会产生道德风险和逆向选择问题，从而产生对代理人监督的问题。为缓解信息不对称，代理人应该向委托人报告履责业绩，但仅凭代理人所呈报的履责报告这种一面之词，委托人会对其真实性产生怀疑和不安，因此对履责报告进行审查就成为必要。早期的这种审查工作主要是由委托人自己或由其授权的认为最亲近可靠的人来完成的。

随着代理业务和受托责任内容的日趋复杂，用以表明代理人代理业绩的履责报告特别是财务会计报表也越来越复杂。而委托人往往并不具备相应的财务会计方面的专业知识和技术。由于受到个人禀赋以及时间和地域的限制，委托人要想事必躬亲地进行经常性的监督已不可能。因此求助于具有专门知识和技能、与委托人和代理人都没有直接利益关系的独立的第三人对代理人的履责业绩进行审查，以保证对履责业绩的审查评价结果的客观公正，这样便产生了审计。

随着组织规模的扩大，委托人逐渐发现"管理出效益"，因而产生"审计管理活动"和"为管理而审计"等"业务审计"行为；同时，随着经济社会的发展，人们开始越来越关注人类自身存在和发展过程中的社会问题、环境问题，并由此产生公共责任问题，为维护公共责任的正常发展，必然会产生对公共责任履约情况进行鉴证的问题。人们自然而然地将目光聚焦在对受托责任监督鉴证非常有效的审计身上，因此民间审计出现了批判型的"外向型管理审计"。伴随着西欧国家的"新公共管理运动"，政府审计也开始关注政府行为绩效和结果绩效。随着受托责任范围的扩大和层次的提高，绩效审计成为三种审计主体最活跃的审计业务。

以政府绩效审计产生为例：公共受托财务（合规）责任是政府财务（合规）审计的动因；公共受托管理责任是政府绩效审计的动因。公民一旦成为政府的纳税人，纳税人与政府就发生了分离，形成了委托代理关系。政府有责任在具体规定的质量、成本以及时间范围内向公众提供优质的公共物品和公共服务，政府有责任依法使用资金并定期就资金去向和资金使用效果等问题通过正式渠道向社会公众及各利益相关主体公开信息，定期编制财务报告以解除上述受托责任，但由于政府行为的复杂性和财务报告的专业性，需要审计机关这个专职监督机构来审查，并公布大家都看得懂的结果，这样就产生了政府财务审计。

当然，政府还有依法行政的责任，因此政府合规审计也出现了。受托财务（合规）责任是一种程序性责任，强调政府是一种公共资源的消费者，政府在预算支出活动中要遵守各种法律、规章、制度。随着公民意识的增强，公民要求政府有效地利用资源，强调政府绩效责任和业绩考核，更进一步推动政府公共受托责任由受托财务（合规）责任向受托管理责任发展，由程序性受托责任向结果性受托责任发展。结果性受托责任或管理责任强调公共资源管理的结果或业绩的好坏，这样就产生了政府绩效审计。

2. 绩效审计的本质

审计的本质是对代理人的自我认定、自我计量和自我编制的受托责任报告，按照相关要求或标准进行重新认定、重新判定受托责任的过程。绩效审计的本质是对代理人受托管理责任履行情况按照合理的标准进行的再认定、再监督，并据此做出评价，提出建议，以进一步改善委托人和代理人的关系，促进组织治理。

从审计业务架构出发，绩效审计有以下两种理解：

第一，绩效是指代理人对委托人期望的履行情况，委托人对代理人的全部期望都是绩效的内容。委托人的全部期望不外乎：代理人有效地使用资源、有效地组织和实施管理工作，按照相关的法律法规提供产品和劳务，当然还要如实报告资源使用情况和目标达成情况。针对委托人对代理人的全部期望，形成了真实性审计、合规性审计和效益性审计，这种情况下，既定全部期望都是绩效的内容，对于政府审计而言，绩效审计就由真实性审计、合规性审计和效益性审计组成；对于内部审计而言就形成了舞弊审计、遵循性审计和效益性审计；对于注册会计师审计而言，按照保证程度形成了审计、审核和其他鉴证业务。这些都属于广义的绩效审计，都是为组织治理服务的，也就是说，所有审计都是绩效审计。

第二，真实性审计、合规性审计和效益性审计是独立的审计业务，由于真实性审计、合规性审计主要与财务资源相关，一般合并称为财务审计，而效益性审计则称为绩效审计。这是狭义绩效审计，是广义绩效审计的一部分。

无论对绩效审计做何种理解，效益性审计是绩效审计这是没有疑义的。人们认为，对于目标达成和资源使用效率相关信息的鉴证称为效益性审计。所以，绩效审计的核心内容就是对鉴证目标是否达成、资源使用是否有效率的相关信息。

（二）绩效审计的目标及其关系

1. 绩效审计的目标

审计目标回答的审计基本问题是"为什么审计"，它是审计工作的出发点和归宿，是连接审计理论和实践的纽带。审计目标就是人们通过审计实践活动所期望达到的目的、境地或标准。审计目标有两个重要的内涵：第一，这里的"人们"；第二，这里的"所期望达到的目的、境地或标准"。

就绩效审计而言，对于"人们"有两种理解：审计组织和审计委托人。如果理解为审计组织，则审计目标就是审计组织通过审计实践活动所期望达到的目的、境地或标准。如果理解为审计委托人，则审计目标就是审计委托人通过审计组织的审计实践活动所期望达到的目的、境地或标准。从问责视角来看，问责主体是绩效审计的委托人，绩效审计是问责系统的组成部分，其基本功能是问责信息保障。绩效审计组织应该围绕问责主体的信息需求来开展审计工作，而不应该有自己的利益考虑。

事实上，绩效审计只是问责系统的构成部分之一，不是问责系统的全部，在问责系统的要素分工中，绩效审计的基本功能是问责信息保障。当鉴定问责信息的真实性时，就是基于责任方认定业务，当直接提供问责信息时，就是直接报告业务。

绩效审计主要是鉴证目标是否达成、资源使用是否有效率的相关信息。所以，作为问责系统构成部分的绩效审计，其目标是通过基于责任方认定业务和直接报告业务，鉴证代理人目标是否达成、资源使用是否有效率，通过这种信息保障作用，促进代理人改善业绩、提高效率和效果。鉴证绩效信息是直接目标，而促进代理人明确绩效责任，改善业绩、提高效率和效果是终极目标。鉴证绩效信息不只是对绩效数据信息的鉴证，还包括资源利用行为经济性、组织管理行为效率性、组织目标效果性。当然，鉴证这些信息的最终目的还是促进代理人更好地履行责任，降低组织运行风险，完善组织治理。

2. 绩效审计与其他类型审计的关系

相对合规审计而言，绩效审计与受托结果责任相关，绩效审计的既定标准和方法更灵活，更需要专业判断。绩效审计的既定标准一般体现为目标、绩效责任、最佳实务或标杆、可研报告，有时科学管理理论、专家经验和科学计算结果也构成既定标准。绩效审计的目标更侧重于对组织目标的实现、资源的利用、组织管理效率进行鉴证，当然有时对绩效数据的鉴证、对绩效评估系统的鉴证也构成绩效审计的重要组成部分。绩效审计的方法更侧重绩效分析和评价，绩效审计相对合规审计的保证程度一般要低，绩效取证方法则偏向于一些灵活的社会科学研究方法，这些方法的使用对绩效审计人员提出了更高的要求。

绩效审计和经济责任审计密切相关。从广义上来看，审计源于受托责任，因此所有审计都是责任审计；从内容上来看，经济责任审计中关于责任目标完成情况。审计管理决策和内部控制的审计属于政府或部门绩效审计范畴，但经济责任审计要"由事及人"。绩效审计可以是针对一个项目、一项政策或者一项活动，审计范围可能涉及一个单位，也可能是多个单位，还有可能是某一行业绩效或者某一政府职责履行效果，某一政策执行效果；从立项来看，经济责任审计属于委托立项，项目源于干部管理和监督机关的需求，并为之服务；绩效审计项目属于自行立项的项目，源于审计人员的职业敏感和专业判断。绩效审计和经济责任审计既相互关联又有一定的区别，开展经济责任审计不能回避绩效问题，开展绩效审计也可以考虑归责问题，两者可以结合进行。

绩效审计与资源环境审计也有一定的关系。广义的绩效审计包括对合规性、经济性、效率性、效果性、环保性和公平性的审计。资源环境审计主要包括三点：第一，资源利用审计。资源利用审计涉及森林、矿产、海洋、能源、土地等资源的可持续利用。第二，环境治理审计。环境治理审计涉及水污染治理、大气污染治理、土壤污染治理、废弃物管理等领域。第三，生态系统审计。生态系统审计主要表现为生物多样性审计。资源利用审计方面主要关注资源利用的经济性、效率性，环境治理审计主要关注效果性，生物多样性审计重点关注生态平衡。

目前，资源环境会计方面还没有权威的会计准则，因此，资源环境的财务审计一直进展缓慢，审计人员从事的资源环境审计或者注册会计师从事审计活动中对环境问题的关注，大部分属于合规审计和绩效审计范畴。目前，内部审计从事资源环境审计的动力不足，注册会计师从事资源环境审计缺乏一定的法律规范，资源环境审计的主体主要是国家审计机关。

二、绩效审计的评价标准

审计评价标准是进行审计时判断审计事项是非、优劣的准则，是提出审计意见、做出审计决定的依据。就绩效审计标准来说，一般情况下，目标及资源使用效率都有事先确定的标准，项目、政策、组织、职能都有确定的目标，并且还有资源配置及使用的要求，所以，绩效审计标准是既定的，并不需要事后确定。例如，一个项目，从提出到最终确定并付诸实施，有一个过程，在这个过程中，会明确该项目的目标及资源配置；一项政策也是如此，政策目标会在政策正式实施之前确定；至于组织或职能，则更应该事先明确其目标和资源配置，没有目标的组织或职能是难以运行的。因此，绩效审计评价标准是事先存在的。当然，事先存在的标准并不一定以显性的方式表现出来，有些情形下，需要审计组织、委托人、代理人共同商定绩效审计标准，在这个过程中，委托人和代理人应该是主角。

（一）对绩效审计评价标准的新认识

财务审计的评价标准主要是公认会计原则、会计准则和会计制度；合规性审计的评价标准是法律法规和有关财政财务收支的规章和制度。无论是财务审计还是合规性审计，主要是运用审计评价标准判断被审计事项的对与错。

绩效审计评价标准是据以比较和评价效益的准则、目标、应有的期望、最佳实务和标杆。绩效审计评价标准包括预算、合同、定额、计划水平、行业水平、历史水平等，还包括法律或规章规定或者由被审计单位管理层确立的目的和目标、技术标准、专家意见、最佳实务等。与财务审计和合规性审计不同，绩效审计是判断审计事项的好与不好。

人们认为，对绩效审计评价标准，必须澄清以下四个认识：

第一，绩效审计评价标准不等于绩效评价指标体系，一方面有些绩效审计评价标准不一定是用指标体系来衡量的，可能是最佳实务，如内部控制流程的最佳实践，也可能是科学的管理理论，如对于绩效审计中的风险管理审计，科学的风险管理理论就是其评价标准；另一方面，即使是用指标体系来衡量，除了指标体系之外，还应该包括指标的目标值。

第二，必须明确对不同的绩效审计项目制定统一的评价标准是不可能的，也是不现实的，审计评价标准的确定需要审计专业判断，这也是绩效审计的魅力所在，可以制定一套用于指导绩效审计的准则和指南，可以制定一些原则性的绩效审计评价标准，但不可能制定一套用于所有审计项目的绩效审计评价标准。

第三，绩效审计评价标准不可能也不应该由中华人民共和国审计署统一制定，审计人员针对被审计对象的目标体系，不是制定而是获取、选择合适的评价标准，绩效审计评价标准不一定必须有指标，不一定必须是量化指标，不一定必须成体系。

第四，平衡计分卡作为评价标准也不是唯一的，它有一定的适用范围和局限性，在将其作为评价标准或者指导设计审计评价指标体系时应该谨慎。另外，有时委托人的期望就是绩效审计评价标准，不论绩效审计还是经济责任审计，审计人员不宜自行确定评价指标。

（二）绩效审计评价标准的特性

1. 不确定性

财务审计或合规性审计的评价标准往往是确定的会计准则、会计制度或相关法律法规；而绩效审计评价标准具有不确定性，绩效审计的最终目的是明确绩效责任，促进提高组织效益，降低组织运营风险。出于这种目的，绩效审计对象是多种多样的，理论上一切有投入产出的经济活动都可以纳入绩效审计对象。

对企业而言，具体包括了企业财务收支延伸的绩效审计等初级绩效审计，供产销各经营环节和资源利用绩效审计等中级绩效审计，还包括内部控制审计、风险管理审计等高级绩效审计；对政府和非营利组织而言，既包括了政府和非营利组织职能、活动、项目、政策的绩效审计，还包括政府部门服务效率的审计。这些绩效审计的目的各异，具体表现在不同审计项目的环境、目标、职责、所使用的资源、提供的服务、管理方式等存在差异，不能用一套固定的审计标准来完成不同的绩效审计项目。这样在绩效审计中审计判断起到很大作用，审计主观性较强，审计小组不同人员对同一审计项目设计的指标体系可能存在差异，审计小组设计的评价指标和被审计单位管理当局的评价指标也可能不一致。另外，财务审计准则体系较为完善，审计程序较成熟，而对于绩效审计，由于缺乏准则来规范，审计人员审计程序具有随意性，受主观影响较强。

2. 协商性

财务（合规）审计中，审计评价标准具有强制性，而在绩效审计中则不然。审计人员内部各成员、审计人员与被审计单位管理当局应对审计评价标准充分协商以保证审计建议被接受。如果因绩效审计评价标准在审计人员和被审计单位之间没有达成共识，导致被审计单位没有采纳审计建议，这就是审计失败。

绩效审计指标是评价标准的重要组成部分，但审计人员不能直接将被审计单位的效益评价指标和外界评价被审计单位效益的指标直接拿过来用，如常用的项目进度监控方法（EVA分析法）是站在股东的角度评价企业业绩、国家五部委发布企业绩效评价体系是站在企业外部的角度评价业绩，但他们只是站在不同立场上的绩效评价而已，而内部审计人员从事绩效审计的主要目的是站在独立的、客观公正的立场上帮助组织改进业绩，为组织增值和降低风险服务，这样就需要对相关指标进行筛选，并和被审计单位充分协商，以保证可行性。

（三）绩效审计评价标准的类型

1. 指标导向的绩效审计理论评价标准

财务收支延伸的绩效审计和综合绩效评价是典型的指标导向绩效审计。另外，审计机关在开展经济责任审计、环境绩效审计、民生资金审计中也可以选择指标导向型绩效审计评价标准。指标导向型绩效审计评价标准主要包括绩效指标和指标的标准值。

（1）绩效指标。绩效审计评价指标既包括定性指标也包括定量指标。指标的选择是确定绩效审计评价标准的第一步，也是最重要的一步。确定指标时审计人员必须站在第三方公正的立场上。指标可以运用被审计单位的指标，也可以运用专业判断设计指标，但设计的指标应该得到被审计单位的认可。在西方国家，绩效指标又称绩效标尺，绩效标尺包括非组合绩效标尺和组合绩效标尺，非组合绩效标尺包括投入、产出、成果、影响和过程指标；组合标尺包括效率、效果和成本效益比等。指标的设计要遵循SMART原则，尤其是要具有战略相关性，要具体、可衡量。运用平衡计分卡的理念设计效益指标，可以避免传统的以财务指标为主的指标体系的局限性。

（2）指标标准值。指标必须确定有相应的标准值，这样才能通过绩效审计评价得出结论，指标的标准值可以是历史水平、行业平均水平，也可以是行业最佳水平。对于国家支柱型行业，如钢铁等行业，行业协会编制的行业对标指标可以作为绩效审计评价指标标准值。

2. 流程导向的绩效审计理论评价标准

绩效审计的最终目的除促进提高组织绩效外，还包括降低组织运营风险。内部控制和公司治理是对风险的反应，风险管理贯穿于内部控制和公司治理全过程。内部控制审计、风险管理审计和公司治理审计是一种典型的流程导向的绩效审计。对于这种绩效审计的审计评价标准主要包括最佳实务、标杆和科学的管理理论。

（1）最佳实务或标杆。对于一些过程性指标或行业对标指标，可以考虑将最佳实务或标杆作为评价标准。标杆单位作为被学习赶超的对象，也要不断完善自己，才能保持领先。落后的企业不需要一开始就向最高的标杆看齐，先选择现实的标杆，完成超越后，再确立新的标杆，保持动态比较。对于内部控制审计和风险管理审计而言，COSO报告和中国内部控制规范体系可以说是其最佳实务和标杆。另外，审计人员在审计实践中要善于发现最佳实务或标杆，并在必要的时候作为审计评价标准开展同类项目绩效审计。

（2）科学的管理理论。管理审计是绩效审计的高级阶段。现代西方审计初步形成了以管理审计为核心的绩效审计体系，这类审计，除了运用最佳实务和标杆外，科学管理理论在审计评价标准中广泛应用，这些科学管理理论是人类智慧的结晶和科学管理经验的总结。对照这些科学管理理论来评价企业的各项管理活动或管理报告，有利于发现企业的漏洞和风险，为企业增值服务。当然，有些权威期刊上最新的实证研究结果同样可以作为绩效审计评价标准。

3. 目标或责任导向的绩效审计理论评价标准

有时委托人为代理人制定的相关目标，或者相关法律明确了绩效责任，这时这些目标和责任本身就构成了绩效审计评价标准，审计人员要做的就是将目标明晰化、责任指标化。比如，一般情况下，大型项目都有可行性研究报告，这些可行性研究报告的目标本身就构成了项目绩效审计的评价标准；再比如，对于一些公营部门或事业单位，相关法律明确了其法定职责，这些法定职责本身同样构成了这些组织绩效审计的评价标准。

4. 决策导向的绩效审计理论评价标准

对于资本运营项目、新产品开发项目、建设项目的绩效审计主要涉及可行性研究审计和投资决策审计，另外，在供产销等经营环节绩效审计过程中同样需要诸如最佳订货量的确定等问题。这类审计项目一般是事前审计，是典型的决策导向绩效审计，其评价标准主要是依据科学计算。一般主要采用投入产出法，用未来现金流入的折现值与原始投资进行比较，这类绩效审计的重点是基础数据的审计，如未来现金流量、折现率的审计。另外一些财务管理和管理会计中用到的决策工具，同样可以构成其审计评价标准。

在审计机关开展的政策审计中，也要用到决策导向的绩效审计评价标准。这种审计评价标准的应用有利于提高审计的前瞻性，提升审计的竞争力。

（四）绩效审计评价标准与平衡计分卡

平衡计分卡可以应用于绩效审计，并作为绩效审计评价标准，为组织增值服务。有以下两点理由：

第一，平衡计分卡本身就是一种内向型的战略衡量和管理系统，这一点和内部审计是相通的。绩效审计一般是由内部审计人员从事的一项内向型活动，两者的目的具有高度的一致性。内部审计的目标是通过实现增值，为实现组织目标服务；平衡计分卡同样也是为实现组织目标服务。

第二，平衡计分卡一般包括六个要素：目标、关键成功因素、指标、指标值、行动方案和任务，其中目标、关键成功因素、指标、指标值四个要素直接提供了绩效审计评价标准。另外，绩效审计在设计指标时可以充分利用平衡计分卡的理念，尤其是财务和非财务的平衡、原因和结果的平衡等，当然，在设计指标时不一定完全从财务、客户、内部流程和学习与成长四个方面来设计，只要能够体现出上面的两个平衡即可。如为某电力公司设计绩效审计指标体系时就可以增加一个"安全"方面，形成"安全—流程—学习与成长"和"财务—客户—内部流程—学习与成长"两种平衡计分卡评价体系。

另外，对于使命导向的非营利组织应将"客户"放在最高层次，而不应将财务放在最高层次。绩效审计主要是发现问题和提出对策，如果被审计单位已经成功运用平衡计分卡，平衡计分卡体系本身就是绩效审计评价标准。当然，应该定期评估平衡计分卡体系因果链条的可靠性，平衡计分卡提供可靠的因果链，可以帮助审计人员迅速找到问题及其原因所在，并提出针对性对策。

第九节 经济责任审计理论研究

一、经济责任审计的动因

（一）经济责任审计产生与发展的基础——公共受托责任

国内学者普遍认为，受托责任的产生是审计产生和发展的根本力量。审计因受托责任的发生而发生，又因受托责任的发展而发展。政府审计产生于公共受托责任关系的确立，并随着社会政治经济的发展、公共受托责任内涵的演变而发展变化。公共受托责任观是经济责任审计产生与发展的理论基石。

根据1985年最高审计机关亚洲组织第三届大会发表的《关于公共受托经济责任指导方针》，公共受托责任是指受托经营公共财产的机构或人员负有财政管理和项目计划以及汇报公共财产经营管理情况的责任。公共受托责任关系的确立源于受托方经营管理委托方提供的公共资源或者公共资金。因此，政府部门、事业单位以及企业只要受托经管公共资源或者公共资金，就对委托方负有公共受托责任。

按照现代民主政治的一般理论，国家权力的本源在于人民。《中华人民共和国宪法》第二条规定：中华人民共和国的一切权力属于人民。人民行使国家权力的机关是全国人民代表大会和地方各级人民代表大会。人民依照法律规定，通过各种途径和形式，管理国家事务，管理经济和文化事宜，管理社会事务。《中华人民共和国宪法》第三条规定：中华人民共和国的国家机构实行民主集中制的原则。全国人民代表大会和地方各级人民代表大会都由民主选举产生，对人民负责，受人民监督。国家行政机关、审计机关、检察机关都由人民代表大会产生，对它负责，受它监督。

根据宪法相关规定，人民是国家的主人，人民是国家财富的所有者。人民是公共资源的所有者，是公共资源使用的终极委托人。人民将自身的公共财产通过各级人民代表大会委托给其选举出来的各级政府去经营管理；各级政府也可以将公共财产委托给国有企事业单位的受托管理者去经营管理。各级政府和国有企事业单位需要按照该级人民代表大会通过的国民经济计划和年度预算所反映的人民意志去经营管理公共财产。因此，各级人民代表大会和各级政府之间产生了公共财产的委托和受托关系；各级人民政府在接受人民委托后，对人民负有公共受托责任；政府各部门、事业单位以及企业在接受人民政府委托管理公共资源或者财产后，间接对人民负有公共受托责任。

国务院各部门、地方各级人民政府及其各部门、国家事业组织的主要负责人以及国有企业及其独资或者控股子企业的负责人拥有与其法定代表人身份相对应的公共权力，同时负有与其法定代表人身份相对应的公共受托责任。据此，公共受托责任关系可以分为三个层级：第一层级为人民代表大会与人民政府之间的公共受托责任关系；第二层级为人民政府与政府各部门、事业单位以及国有企业及独资或者控股子企业之间的公共受托责任关系；第三层为政府各部门、事业单位、国有企业及独资或者控股子企业分别与政府各部门主要负责人、事业单位主要负责人、国有企业及其独资或者控股子企业负责人之间的公共受托责任关系。

审计的存在就是为了保证受托经济责任能够得到全面有效的履行。公共受托责任关系的确立，使得受托人对委托人负有公共受托责任，而政府审计是保证公共受托责任有效履行的一种机制，它涉及对公共受托责任履行情况的确认与解除。由此可见，只要存在公共受托责任关系，审计机关就应该对受托人公共受托责任履行情况进行审计，以确保公共受托责任的全面有效履行。公共受托责任关系的存在是经济责任审计产生的前提条件。

在人民代表大会将公共资源或公共资金分层级委托给人民政府，政府各部门、事业单位以及国有企业及独资或者控股子企业，改至政府各部门主要负责人、事业单位主要负责人、国有企业及其独资或者控股子企业负责人的情况下，通过经济责任审计可以确认和解除各层级受托人的公共受托责任，促进各层级公共受托责任的全面有效履行。

（二）公共受托责任的变更

伴随社会、经济的发展，公共受托责任不断发展变化。公共受托责任的演进，历经了受托财务责任、受托管理责任和受托社会责任三个不同阶段。

1. 受托财务责任

受托财务责任是公共受托责任发展的初级阶段。在民主政治的启蒙时期，人们只要求政府取之于民要有一定的限度，对于政府集中的公共资源如何使用并不关心，更不用说关注使用的效果，对管理者及其管理水平的要求也相对较低。

在这一阶段，委托方更为关注受托资产的安全性，关注公共资源的使用是否遵循立法程序。因此，委托方习惯地把管理和使用公共资源过程及形成的财务信息与法律和规则加以比较，检查政府受托方在财务事项方面是否遵循了忠诚性、合法性和合规性，从而得出受托方是否履行公共受托责任的结论。

2. 受托管理责任

随着公共资源支出规模的扩大以及新公共管理运动的开展，公众的民主意识不断增强，公众逐步意识到公共资源的管理和使用情况与其个人利益息息相关，公众不仅关心政府使用公共资源的合规性，而且希望获得政府使用和管理公共资源效率及效果方面的信息，这样一来，公共受托责任从受托财务责任发展为受托管理责任。

公共资源是委托方和受托方共同关注的焦点，其使用规模和范围，总体上呈现由小到大、范围越来越广之势。公共资源支出规模的扩大使委托方所关注的重点已不再停留在财政账目及公共资源使用的合法性和账务记录的准确性上，而是集中在公共资源的使用效率、效果上。对于受托方来说，履行以前的受托财务责任已不能满足委托方的要求。

20世纪70年代末以来，新公共管理在世界范围内兴起。公共资源使用的效率性和政策决策的效果性得以强化，这使得受托责任中的财产保管责任、忠诚责任和正直性等属性逐渐弱化。总之，受托管理责任要求受托方按照经济性、效率性、效果性来使用和管理受托资源，以适应这种变化。

3. 受托社会责任

随着社会公众对经济发展过程中产生的社会问题的关注，公共受托责任由受托管理责任发展为受托社会责任。

20世纪八九十年代以来，由于单纯强调经济的发展，一些被各国政府忽视的环境、社会问题日益严重。首先，环境问题。经济发展引起的臭氧层破坏、全球变暖、土地沙漠化及海洋污染，导致生态环境恶化，给人类的生存和发展带来严峻挑战。其次，社会问题。各国在经济发展和社会转型过程中形成的区域发展不平衡、经济结构不合理、增长方式不科学、收入分配不公平等社会矛盾日益突出，成为影响社会稳定的因素。作为委托方的社会公众希望政府能够采取措施，及时发现、解决甚至是防范经济发展中产生的社会问题。因此，政府应更多地关注公平、环保、质量和风险等一系列社会问题，政府承担的责任也由受托管理责任演变到受托社会责任。受托社会责任可以促进政府和社会公众开展合作，建设一个负责任的、透明的、高效率的政府和一个生机勃勃的公民社会。

（三）公共受托责任的经济属性

公共受托责任是不断发展的，其具体内涵和公众关注的重点也处在变化之中。公共受托责任是一个比较宽泛的概念，它不仅仅限于经济方面，还涉及政治、法律、经济、社会等多个方面。因为政府不仅要提高公共资源的使用效率，更主要的是要运用公共资源实施社会公共事务管理职能，向公众提供高品质的公共产品。政治稳定、社会安全、经济平稳增长、避免社会贫富差距过大等，都是社会公众与政府之间契约的要求。

建立在公共资源所有权和经营管理权分离基础之上的公共受托责任是多重责任相互依存、不可或缺的复合责任实体，其中又以经济责任为基础。公共受托责任的产生，是公共资源的所有者将公共资源的经营管理权授予专门的经营管理者经营管理的结果。公共受托责任是经国家授权而产生的资产经营者应承担的保证公共资源安全完整、在配置使用公共资源中保证其增值的职责和义务。公共资源的所有者作为委托方把公共资源的经营管理权授予经营管理者，其目的在于通过经营管理者的运营，保证公共资源发挥更大的效用，使财产增值，并为社会增加财富。

从一个国家整体的角度看，受托目标的实现，客观上为国家建设提供了有力的物质保证。这对于受托者而言，尽到了为国家建设做出应有贡献的责任，这种责任属于政治责任。从一个社会整体的角度上看，受托目标的实现，客观上为提高人民群众的物质文化生活水平提供了坚实的物质基础和精神基础，这对于受托者而言，尽到了为社会做出应有贡献的责任，这种责任属于社会责任。同时，还应该看到，受托者接受委托在履行其责任过程中，要真正达成其受托目标，必须严格执行法律规定、依法行政、依法办事，这是受托者的法律责任。此外，执法中往往离不开道德规范的约束，受托经营管理者必须以诚信对待责任，这是受托经营者的道德责任。

因此，公共受托责任是一个具有多重属性的复合责任实体，其中经济属性是首要的，政治属性、社会属性、法律属性、道德属性都是依附于经济属性之上的派生属性。

（四）经济责任审计与其他类型审计的关联

1. 经济责任审计与常规审计的关联

经济责任审计是一项具有中国特色的经济监督制度，是现代审计制度在中国的一种创新。作为审计的一种特殊类型，经济责任审计与常规审计之间既存在联系，又有区别。所谓常规审计是指以政府及其部门、企事业单位的组织经济责任为监督评价对象的审计，例如，财政财务审计、绩效审计、企业财务审计、管理审计等。

经济责任审计与常规审计在本质上的联系是二者产生的基本动因相同，都是受托经济责任关系的形成。经济责任审计和常规审计都是以受托经济责任关系为基础，是资源财产的所有者实现对资源的有效管理与使用的必要手段和保证机制。审计组织为了有效实施业务并客观公正地证明受托人履行责任的情况，划分常规审计和经济责任审计等不同审计类型，以方便业务管理。此外，依法审计、依法监督、依法履行职责是审计组织开展各类审计业务必须遵循的基本原则。

2. 经济责任审计与常规审计的差异

（1）审计项目立项方法不同。常规审计项目是结合经济工作情况，根据上级审计机关部署、本级政府工作要求或宏观管理需要，基本由审计机关自行确定审计项目计划。经济责任审计项目一般是根据干部管理，监督工作的需要和党委、政府的意见，由干部管理部门与审计机关或者其他部门充分协商后，委托审计机关立项实施。

（2）审计对象与审计目的不同。常规审计的对象一般是指被审计单位的财政财务活动、财产实物和会计核算资料，审计人员通过对财政财务活动、财产实物和会计核算资料的审查，确保经济活动的合理性、合法性和有效性。而经济责任审计的对象一般是指各级地方党政机关领导干部、国有或国有控股企业事业单位法人代表经济责任所涉及的经济决策活动、财政财务管理活动和财经法纪执行过程，通过经济责任审计评价的是领导干部经济行为及其任职期间履行经济责任的情况。

常规审计的对象是"事"，不对"人"做出评价，而经济责任审计既对"事"也对单位，最终的落脚点是对"人"做出评价。经济责任审计的最终目的是为了加强干部监督管理，维护经济秩序，促进廉政建设，提高执政能力，具有浓厚的行政监督特色。

（3）审计评价标准不同。常规审计根据财经法规和有关制度进行分析判断，检查和评价的是经济活动某个时点上的静态反映，其依据和标准基本上是相对统一、稳定的。而经济责任审计需要根据领导干部所在部门或单位性质、行政职能和个人职责分工，依照相应政策、法规、制度和规定进行评价。

经济责任审计中,被审计对象经济活动的社会载体是多种多样的,可能表现为政治的、经济的、文化的,或者是具体事务,或者是抽象效果和社会影响,评价标准既可能有很强的政策性,也可能是针对性很强的业务综合目标;有可能是静态结果,也可能是动态预测,难以确定固定统一的审计评价标准。总之,党政领导干部履行经济责任的评价标准,需要随社会发展的变化而变化,并充分体现公平、正义等和谐社会的治理理念。

(4) 审计报告的内容和送达单位不同。常规审计报告已经有规定的格式,一般送达被审计单位。而经济责任审计报告在常规审计报告的基础上,一般包括四点内容:工作基本情况、审计结果和审计评价、审计发现的问题及处理处罚意见、审计建议。其中,审计结果和审计评价主要反映领导干部任职期间主要经济指标的贯彻情况和履行经济责任的情况,这是常规审计报告不具备的。同时,对存在的问题,还要界定领导干部所承担的责任,这也是与常规审计报告的不同之处。经济责任审计报告需要送达委托部门、所在单位和被审计对象本人。

(5) 审计时间跨度不同。常规审计的时间跨度往往与会计年度相一致,一般为一个预算年度或会计年度,也有特殊情况下延长或缩短时间跨度的情况。由于常规审计时间跨度较短,其审计也多是一次性的审计项目。而经济责任审计的时间跨度与一个被审计的领导干部任职期限相一致,党政领导干部的任职期通常超过三年,审计时间跨度自然也就常常超过三年。由于经济责任审计时间跨度较长,对一个领导干部的审计项目一般包括三个内容:任职初审计、任职期中审计和任职期满审计。

二、经济责任审计评价与结果的运用

(一) 责任的界定

2010年12月发布的《党政主要领导干部和国有企业领导人员经济责任审计规定》第三十四条指出,审计机关对被审计领导干部履行经济责任过程中存在问题所应当承担的直接责任、主管责任、领导责任,应当区别不同情况做出界定。第三十五条至第三十七条进一步明确了直接责任、主管责任和领导责任。

(1) 直接责任,是指领导干部对履行经济责任过程中的五种行为应当承担的责任:第一,直接违反法律法规、国家有关规定和单位内部管理规定的行为;第二,授意、指使、强令、纵容、包庇下属人员违反法律法规、国家有关规定和单位内部管理规定的行为;第三,未经民主决策、相关会议讨论而直接决定、批准、组织实施重大经济事项,并造成重大经济损失浪费、国有资产(资金、资源)流失等严重后果的行为;第四,主持相关会议讨论或者以其他方式研究,但是在多数人不同意的情况下直接决定、批准、组织实施重大经济事项，由于决策不当或者决策失误造成重大经济损失浪费、国有资产（资金、资源）流失等严重后果的行为；第五，其他应当承担直接责任的行为。

（2）主管责任，是指领导干部对履行经济责任过程中的下列行为应当承担的责任。除直接责任外，领导干部对其直接分管的工作不履行或者不正确履行经济责任的行为。主持相关会议讨论或者以其他方式研究，并且在多数人同意的情况下决定、批准、组织实施重大经济事项，由于决策不当或者决策失误造成重大经济损失浪费、国有资产（资金、资源）流失等严重后果的行为。

（3）领导责任，是指除直接责任和主管责任外，领导干部对其不履行或者不正确履行经济责任的其他行为应当承担的责任。

（二）经济责任审计评价的原则

《党政主要领导干部和国有企业领导人员经济责任审计规定》第三十三条指出：审计机关应当根据审计查证或者认定的事实，依照法律法规、国家有关规定和政策，以及责任制考核目标和行业标准等，在法定职权范围内，对被审计领导干部履行经济责任情况做出客观公正、实事求是的评价。审计评价应当与审计内容相统一，评价结论应当有充分的审计证据支持。

审计评价是经济责任审计报告的一个核心组成部分。审计评价是干部考核的重要参考，对领导干部的发展前途有着重大影响。因此必须坚持实事求是、客观公正、谨慎稳重的审计评价准则，此外还应遵循以下六个具体准则：

1. 经济责任为主的准则

审计机关对党政机关领导干部和企业领导人员进行的经济责任审计，检查和评价的是经济行为和经济责任，其中的重点是直接经济责任，还包括与经济责任有关的主管责任。依照《中华人民共和国审计法》《党政主要领导干部和国有企业领导人员经济责任审计规定》及有关法律规定，审计机关对领导干部任期经济责任实施审计，主要是对党政机关领导干部和企业领导人员所在单位财政收支、财务收支的真实性、合法性和效益性依法进行审计，检查和确认其任职期间在本单位实际经济活动中应当承担的经济责任。对于与财政财务收支和经济行为责任没有直接联系的责任和行为，审计机关不予评价。

审计人员要紧紧围绕领导干部或企业领导人员的任期实绩，通过对任期内财务会计责任、经营管理责任、重大决策责任等情况的审计，分析各项实际工作和经济指标的真实数据，与任期目标相对照，评价在被审计者任期内，企业经济效益的实现程度及其个人的主观努力程度。

2. 政绩量化分析的准则

利用审计手段对领导干部和企业领导人员进行监督和经济责任评价，就是要明确其任职期间在本单位经济活动中应当负担的经济责任，量化其政绩，由此进行分析。对领导干部及领导人员的业绩进行量化分析，需要将静态数值分析和动态数值分析相结合。所谓静态数值，反映的是某一静止时点的数值指标，如会计期末的财务状况及由财务状况要素构成的其他指标。

通过对这些静态数值的对比分析，可以反映出经济效益的最终状况。所谓动态数值，反映的是某一时段（期间）的数值指标，如反映某一阶段性的经营业绩和整个任期的累计成果。通过对静态数值与动态数值的结合分析，可给领导干部及领导人员的业绩以全面、直观、清晰的评价。

3. 区分现任责任与前任责任的准则

现任责任就是人们要审计的领导干部和领导人员的责任，前任责任就是前任所应负的责任。不仅企业经营是连续的，而且机关事业单位的经济活动也是连续不断的，有些前任领导遗留下来的问题，可能对本任领导工作产生较大影响（如接任前已有的未计入损益的待摊费用、待处理财产损失，以及前任形成的坏账等又不到处理期限的），致使其任期目标难以实现。

划清现任领导责任与历史责任的界限，不仅可以防止离任者将责任推给后任，也可防止将任职期间的经济责任推到后人身上。特别应注意，对首次进行经济责任审计的单位，接任时未经审计的，更应注意划清这个界限。在实际操作中可能会遇到一些损失挂账的问题，按制度规定，在没有有关部门批复的情况下，企业不得自行处理，审计中就要做更细的工作。无法列账处理的，在评价中要说明存有多少潜亏或遗留问题。另外，审计中对本届领导无法处理但存有隐患的问题也应做交代。如盲目担保等事项，就有可能给接任者造成损失，这方面的情况应予说明。

4. 区分主管责任与直接责任的准则

在审计对象职权范围内的有关经济活动，由于执行审计对象认同或批准的决定、规定和制度；或直接经办、直接签署意见、直接签字报销；或被明确告知又无反对意见事项形成的经济责任，都应确认为直接经济责任。对于非直接决策或直接经管的经济行为，应确认为负有主管责任或领导责任。

属分管人员经办，审计对象不清楚，又不属集体决策定案的事情造成的损失，被审查的党政机关领导干部和企业领导人员只负主管责任，不负直接责任。比如分管财务负责人批准将款汇出，结果具体办事人员私自用公款炒股票、搞其他非法活动，该领导干部就要负主管责任。如果是领导干部点头批准（有足以证明其知晓的资料）造成的损失则属直接责任。在评价分析直接责任或主管责任时，应注意既要防止单位推卸责任，又要防止无人承担责任。

5. 区分主观责任与客观因素影响的准则

一个单位实现的经济指标是与其主要负责人的主观努力密切相关的，但也不可避免地要受到客观环境的影响。在分析评价被审计对象，尤其是企业领导人员主观责任与客观因素时，应注意把握以下六个关系：

（1）正确处理经营业绩与国家宏观经济政策的关系。企业经营业绩一方面是内部努力、挖潜的结果；另一方面也受宏观经济政策的影响。如企业领导人员任期内，按照规定进行了资产评估或清产核资，企业资产很可能有较大升值，使其在离任时国有资产增值率提高，但这些不应是离任人直接创造的业绩。有些因国家调整税率、利率，也对企业的经营成果产生一定影响，如果单纯与上年相比，增幅或降低可能较大，明显是政策因素的影响，因此应做具体分析。

（2）正确评价合理与合法的关系。实际工作中往往遇到合理与合法的矛盾问题。对于不是明显违规违法的经济决策和经济行为，应以是否符合本单位实际进行分析评价。如果一种投资行为提高了企业的经济效益和节约了企业资金，那就应该给予肯定。

（3）失职渎职与改革失误的关系。改革是有风险的，面对商业竞争和市场行情，有时难免发生决策失误。这种决策失误带来的损失与失职造成的损失有本质的区别。对于因不可预测的环境变化、国家政策调整或突发性自然灾害因素影响，而使决策未能达到预期目标，应视为探索性失误。对于未经过调查研究、专家论证咨询教育决策，造成重大经济损失的，应视为失职渎职行为。

（4）个人责任与地方政策法规的关系。作为一个单位的主要负责人，在工作中首先要执行好中央和二级有关部门的政策法规，但有时地方政策对单位也有一定的制约作用，下级必须执行。如果这个地方政策与上级规定有相悖之处时，该领导人员就只是承担一种连带的责任。如果自己制定的政策规定与国家和二级政策相抵触，而自己又执行的，应负直接责任。

（5）个人决策失误与行政干预的关系。审计中会遇到一些企业法人的自主权不能合法行使，而存在主管部门或当地政府行政干预问题。如企业的产品结构调整、技术改造、迁址等，对此应做出客观分析。如果确属由于行政干预而造成的损失，企业领导人员不应承担直接责任或只承担一般性责任。

（6）主观有意违规与政策界限不清的关系。在评价其财政、财务收支合法性时，要注意查清是主观故意违规违纪，还是因政策法规界限不清，或是改革过程中法规滞后所致，以免定性不准确。对此，应比照同期政策规定对同期经济行为进行评价。

6. 使用规范评价用语的准则

经济责任审计结果报告一般要报党委、人民代表大会、政府及组织人事部门。在实际工作中，要充分考虑这一特点，不用或少用专业性很强又不易理解的一些词语。比如企业的"所有者权益"属专业术语，不容易被一般人所理解，但该企业"净资产"是多少则容易被接受。另外，要尽量减少主观评语，切忌形容性词语。

在工作中经常使用的评价用语主要有：财务收支真实、基本真实、不真实；经济活动合规合法、基本合规合法、不合规合法；内部控制制度健全、基本健全、不健全；任期内国有资产增值幅度大、小、没有增值或减值；资产负债率低、较低、高、资不抵债；经济效益好、较好、差；对某些问题该领导干部应负直接责任、主管责任（或领导责任）、一般责任；履行经济职责较好、未履行、失职等。总之，用语表述要与客观事实一致，表意清楚易懂。

（三）经济责任审计理论的信息传递机制

经济责任审计信息从来源来分，可以分为原始信息与人工信息。原始信息指未经过审计人员或其他人员加工处理的信息，主要包括审计人员搜集的原始审计证据；人工信息是指经过审计人员或其他人员加工处理的信息，主要包括经过整合、处理的审计证据，经济责任审计报告，经济责任审计建议书，经济责任审计整改通知，经济责任审计处分通知，经济责任审计处分建议以及被审计领导干部及其所在单位的书面意见等。

经济责任审计证据是经济责任审计人员进行审计评价、形成审计意见、出具审计报告的依据；经济责任审计报告是经济责任审计人员根据审计证据，形成审计意见，并与被审计领导干部及其所在单位沟通后所出具的审计结论；经济责任审计建议书是经济责任审计人员根据审计过程中所发现的问题，对被审计领导干部所在单位内部管理、政策执行及制度建设等方面提出的改善意见；经济责任审计整改通知是审计机构针对被审计领导干部的违法违规问题，根据审计权限，责令被审计领导干部限期整改的书面通知；经济责任审计处分通知是指由于被审计领导干部所在单位和其他有关单位拒绝或者拖延提供与审计事项有关的资料，或者提供资料不真实、不完整的，审计机关责令限期改正，并给予通报批评或警告处分通知；经济责任审计处分建议是指对被审计领导干部的违法违规行为，限期责令其整改而拒不改正的，由审计机关向有关主管部门提出给予处分的建议；被审计领导干部及其所在单位的书面意见是指经济责任审计组的审计报告在报送审计机关前，由被审计领导干部及其所在单位出具的意见。

经济责任审计信息传递过程指经济责任审计信息从审计人传到审计信息使用者的过程。经济责任审计人是审计信息的传递者，主要指经济责任审计工作人员或经济责任审计机构。经济责任审计信息使用者是审计信息的接受者，主要包括经济责任审计的直接委托人、间接委托人以及其他相关部门。

人民政府、纪检部门、组织部门、监察部门、人事部门以及国资委一般是经济责任审计的直接委托人，因此经济责任审计信息需要由经济责任审计机构反馈给他们。人民政府根据经济责任审计信息发现制度、政策执行中的普遍性和趋势性问题，综合了解领导干部公共受托责任的履行情况、廉政建设情况、经济社会事业发展情况，进行宏观决策；纪检部门根据经济责任审计信息对领导干部违法违规行为进行处分，以加强党风廉政建设；监督部门根据经济责任审计信息及时对领导干部违法违规行为予以纠正；组织部门、人事部门根据经济责任审计信息对领导干部履职能力进行评价，作为对领导干部提拔、任用的依据，以完善领导干部管理制度。

社会公众是社会公共资金和公共资源的所有者，需要了解受托人履行公共受托责任的情况，因此社会公众是经济责任审计信息的使用者。人民代表大会是经济责任审计的间接委托人，是人民行使权力的机关，因此经济责任审计信息需要传递给人民代表大会，以代表人民对受托人的公共责任履行情况进行监督。通过经济责任审计发现领导干部违法违规行为触犯刑律的，由检察机关提起诉讼。最后，经济责任审计信息还需要传递至被审计领导干部及其所在单位，以解除被审计领导干部的公共受托责任。

（四）经济责任审计理论的结果运用

经济责任审计结果有着重要的作用。它是干部管理部门考核选拔干部的重要依据之一，是评价领导干部廉洁自律的依据之一，是查办案件和纠正不正之风的依据之一，可以为经济决策提供客观依据。因此应重视审计结果的运用。

《党政主要领导干部和国有企业领导人员经济责任审计规定》第三十条指出：审计机关应当将经济责任审计结果报告等结论性文书报送本级政府行政首长，必要时报送本级党委主要负责同志；提交委托审计的组织部门；抄送联席会议有关成员单位。第三十一条指出：被审计领导干部所在单位存在违反国家规定的财政收支、财务收支行为，依法应当给予处理、处罚的，由审计机关在法定职权范围内做出审计决定。审计机关在经济责任审计中发现的应当由其他部门处理的问题，依法移送有关部门处理。因此，审计机关、组织人事部门以及对干部实施监督管理的纪检监察机关，都应适当地运用审计结果。

1. 审计机关对审计结果的运用

审计机关在经济责任审计结果报告做出后，首先，应将审计结果报告报送同级党委、人民政府及组织人事部门，作为考察和任用干部的重要依据；其次，审计机关需将审计结果报告，特别是有明显经济问题的报送纪检监察机关，作为纠正和查处违纪违规问题的参考依据，有利于纪检监察机关及时采取有效措施；再次，按照审计法、审计法实施条例及有关审计规范建立审计档案，有条件的可以将审计结果的主要内容输入微机，实行微机管理，为下次审计提供参考和基础性数字资料；最后，依据审计结果确定审计重点，加大审计处理力度。

经济责任审计是加强干部监督管理的重要手段，审计机关依照审计结果对该处理、处罚下达审计决定,该通报的发审计通报,该移交的移交,不能推迟、拖延。由于领导干部经济责任审计项目是人民政府和组织部门、纪检机关安排进行的,特别是对意向调整前审计或边考察边审计的干部,有一定保密性,审计结果报告不宜扩大报送范围,更不能向外泄露。

2. 纪检监察机关对审计结果的运用

审计机关在经济责任审计中发现的应当由其他部门处理的问题,依法移送有关部门处理。应当给予党纪政纪处分的,由任免机关、企业领导人员管理机关或纪检监察机关处理。应当依法追究刑事责任的,移送司法机关处理。纪检监察机关应重视审计结果的运用,把审计结果与经常性的干部考察、考核结合起来,使之真正成为干部使用、监督、奖惩的一个重要依据。

第一,在查处案件中发挥审计的"侦察兵"作用。在一般情况下,纪检监察、检察机关到单位检查可能使一个单位感到有压力,而对于反映出来的不确定性经济问题和群众来信来访问题,则可由审计机关先进行审计,摸清情况,对反映出来的问题重点审查,预先探测虚实,提供情况和线索。纪检监察机关根据问题的严重程度和发现的线索再着手进行查处。在审计过程中,发现严重违纪违规的经济问题,直接移交纪检司法机关处理,这样审计在查处案件中就发挥了重要的作用。

第二,把审计结果作为备案材料,建立干部廉政档案。纪检监察机关不仅能够直接运用审计结果,而且注重审计结果的后续运用。对于审计结果报告中反映的被审计领导干部及其所在单位问题较多,尚未触犯刑律的,通报给予党政纪处分,或分别采取调整职务、降级降职、免职、辞退等组织措施。同时,还要将有些情况作为办案线索进行侦查,对严重违纪的则立案查处。其中,对于触犯刑律的,移交司法机关依法惩处。

3. 组织人事部门对审计结果的运用

经济责任审计制度的确立与实行,使干部监督管理逐步形成了审计监督与组织监督、纪检监督三者有机结合的新机制,实现了部门职能互补,加大了干部监督力度。

组织人事部门作为具体的干部主管部门,把经济责任审计结果作为对党政领导干部和企业领导人员调任、免职、辞职、解聘、退休等提出审查处理意见时的重要参考依据。同时,依据审计机关提供的经济责任审计结果报告建立领导干部任职实绩档案,把经济责任审计结果报告中反映领导干部的政绩情况、财务收支情况、责任与评价的主要内容写进或存入干部考察材料。在使用经济责任审计结果时,应坚持具体问题具体分析,恰如其分地认定干部的实绩和经济责任,并结合其他考核情况,慎重地做出处理。认为有必要时,可将某些领导干部的处理结果,反馈到审计机关。

第十节　工程审计理论研究

一、工程审计的动因

审计源于委托代理关系，是委托人对代理人进行问责的重要内容。而工程建设项目中存在复杂的委托代理关系是工程审计的动因。工程审计的产生来源于工程项目的责任委托人与受委托人之间存在的受托责任关系。无论是工程建设单位内部还是外部，都存在这种关系。在工程建设单位内部，最高管理层是责任委托人，而各管理部门为受托责任人。

在工程建设单位外部，受托责任关系更为复杂。工程项目作为在一定约束条件下的一次性任务，在整个项目实施过程中包含了众多的参与方，其各自的目标、利益、掌握的信息和所处的地位不同。因而在工程建设项目系统中，以工程项目为核心，以各自权利、义务关系为纽带，以受托经济责任为前提，各主要利益主体之间存在着复杂的委托代理关系群体。例如，政府投资项目实行代建制，委托项目公司代建；施工企业委托项目经理（项目部）全权负责项目建造；监理单位委托项目监理组（总监）等。这些共同构成了多重委托代理关系。工程建设项目不同利益主体之间的权、责、利关系，及其所衍生出的委托代理问题关系到工程项目控制目标的实现效果，关系到工程项目组织效率，是工程项目控制中的重要问题。

对于国家投资工程建设项目而言，委托代理关系存在于社会公众和政府之间，公众委托政府行使国有资产的使用权，进行工程建设项目投资，由此产生受托经济责任；在投资者和建设单位之间也存在委托代理关系：工程建设项目的投资者可以是政府部门、企事业单位等，投资方直接担任或委托项目法人（或代建单位），拥有对代理人的最终控制权，建设单位是工程项目投资者的代理人，负责建设项目的具体实施；委托代理关系也存在于建设单位、勘察设计单位、施工单位、监理单位、造价审计单位内部。

由于工程项目的产品固定性、单件性以及生产过程的流动性特点，以上这些参与项目的各个利益相关者是政府部门、企事业单位等法人组织，而直接服务于某个项目的是这些组织的派出机构。对于工程建设单位，以房地产开发企业为例，总公司委托各地分公司或项目部进行开发项目的具体实施，公司和分公司或项目部之间存在委托代理关系。

工程项目生产的特点和其中存在的复杂委托代理关系，决定了工程项目实施过程中存在高度信息不对称性。项目资产规模越大、周期越长，合作难度越大，有效监督越困难，风险越高，腐败与共谋问题越容易发生。同时，建设项目利益主体众多，各利益主体的利益是不同的，甚至是相互矛盾的，不同利益主体项目管理的目标显然不尽相同。例如，投资人希望投资尽可能少，而承包人追求利润最大化，那么也就是合同价和决算价尽可能高。工程项目众多的委托代理关系责任、利益关系各不相同，互为依托，互相牵制。

二、工程审计的本质

工程作为一项有目的的、群体的乃至社会的活动过程，其参与者众多，每个参与者都是其利益主体，都试图在工程中通过工程行为实现自身目的和需求，而这些利益需求的不同导致他们对工程所采取的行为不同，因此其所承担的工程责任也不一样。在各利益相关者为工程履责的过程中，由于各方基于工程项目的利益及承担的工程责任不完全一致，而且各方都期望从项目获取尽可能多的利益，在工程项目生命周期中存在较多机会主义行为的可能。

在工程项目生命周期的管理中，工程所有者为应对机会主义行为必须进行相应的应对，其治理机制表现为制衡机制、激励机制以及问责机制。在工程进行过程中，委托人主要通过嵌入施工和管理业务流程的措施来抑制代理人的机会主义行为，如工程施工规则、定期与不定期的绩效报告制度等，这种与业务流程及工程行为相关的措施是制衡机制和激励机制，即通过规范代理人工程行为来帮助委托人制约在工程过程中可能发生的大部分机会主义行为。

经过激励机制和制衡机制的制约，工程责任机会主义行为会得到较大程度的抑制，遗留的机会主义称为剩余机会主义。剩余机会主义还是有可能对工程目标及相关工程责任造成损害，因而问责机制对剩余机会主义发挥作用。工程问责机制主要是通过对代理人的工程责任问题进行责任追溯，对各责任主体的责任履行状况进行奖励或处罚。工程审计即委托人问责机制中的一个组成部分。根据委托人问责需求的差异，在工程审计中呈现不同的审计内容。

一般来说，代理人所承担的责任都是委托人问责的来源，因而代理人中工程管理者承担的监督、管理责任以及工程承包商所承担的工程质量、成本、工期、安全责任都是工程审计的内容。在我国目前的工程审计业务中，工程项目建设单位财务审计、工程造价审计、工程项目管理审计、工程绩效审计以及工程质量审计都是审计的重要内容。

三、工程审计的目标

与其他专业审计一样，工程审计的基本目标是真实性、合法性和有效性；从项目建设的目标上看，工程追求的是工期目标、投资目标和质量目标。

（1）政府公共工程审计目标。公共工程投资是我国固定资产投资的重要组成部分，通过对固定资产投资项目的审计，可以达到四个目标：第一，监督国家固定资产投资法规、政策、制度的贯彻执行，维护经济秩序，保障投资建设的顺利进行；第二，促进优化投资环境和建筑市场发育，保证固定资产投资按合理的结构和规模展开，为宏观调控服务；第三，促进建立和健全固定资产投资项目的各项管理制度，帮助有关管理、建设及参建单位改善和加强内部管理，提高资金使用效益；第四，查处违规违纪问题，促进节约投资，保护国家和人民的利益。

（2）公共工程内部审计目标。公共工程建设单位开展建设项目内部审计的"质量、速度、效益"三项目标：第一，质量目标是指工程实体质量和工作质量达到要求；第二，速度目标是指工程进度和工作效率达到要求；第三，效益目标是指工程成本及项目效益达到要求。

第四章 基础理论视角下的审计程序与方法研究

第一节 审计准备与计划阶段研究

一、审计准备阶段

(一)国家审计的准备阶段

1. 审计组的组成

审计组是审计机关特派的实施审计活动的基本单位。审计事项确定以后,审计机关应根据审计事项的特点和要求,组织一定数量和质量的审计人员组成审计组。审计组在实施审计之前,应当明确审计任务,学习法规,熟悉标准。审计组应通过收集、查阅被审计单位平时上报的资料,走访有关部门,如主管部门、财税部门、工商、银行、物价等部门,听取各方面情况介绍,初步了解被审计单位的业务性质、生产经营特点、组织机构设置等。审计组实行组长负责制,其他组员在组长领导和协调下开展工作,并对分担的工作各负其责。

2. 审计通知书的签发

审计机关签发的审计通知书是审计指令,不仅是对被审计单位进行的书面通知,而且也是审计组进驻被审计单位执行审计任务、行使国家审计监督的凭据和证件。根据《中华人民共和国审计法》和《中华人民共和国审计法实施条例》的规定,审计机关在实施审计3日前,向被审计单位送审计通知书。特殊情况下,经本级人民政府批准,审计机关可以直接持通知书实施审计。审计机关向被审计单位送达审计通知书时,应当书面要求被审计单位法定代表人和财务主要人员就与审计事项有关的会计资料的真实性、合法性做出承诺。

(二)注册会计师审计的准备阶段

注册会计师在审计准备阶段主要从事四方面的工作:初步业务活动;了解被审计单位

及其环境；识别和评估重大错报风险；计划审计工作。

1. 初步业务活动

（1）初步业务活动的目的。初步业务活动，是指注册会计师在本期审计业务开始时应进行的业务活动。注册会计师进行的鉴证业务是一种公证业务，审计质量高低对社会公众做出正确决策有着重要作用，为此要将审计质量放在首位。注册会计师审计是一种受托审计，为了与被审计单位就审计业务有关事项达成一致意见，促使双方责任与义务的履行，需要签订或修改审计业务约定书。这些都是注册会计师在本期业务开始时应进行的工作。注册会计师开展初步业务活动主要有三个目的：第一，具备执行业务所需的独立性和能力；第二，不存在因管理层诚信问题而可能影响注册会计师保持该项业务的意愿的事项；第三，与被审计单位之间不存在对业务约定条款的误解。

（2）初步业务活动的内容。注册会计师在本期业务开始时应进行以下三项初步业务活动：

第一，针对保持客户关系和具体审计业务实施相应的质量控制程序。针对保持客户关系和具体审计业务实施相应的质量控制程序，并且根据实施相应程序的结果做出适当的决策是注册会计师控制审计风险的重要环节。《中国注册会计师审计准则第1121号——对财务报表审计实施的质量控制》《质量控制准则第5101号——会计师事务所对执行财务报表审计和审阅、其他鉴证和相关服务业务实施的质量控制》含有与客户关系和具体业务的接受与保持相关的要求，注册会计师应当按照其规定开展初步业务活动。

第二，评价遵守相关职业道德要求的情况。评价遵守相关职业道德要求的情况也是一项非常重要的初步业务活动。质量控制准则含有包括独立性在内的有关职业道德要求，注册会计师应当按照其规定执行。虽然保持客户关系具体审计业务和评价职业道德的工作贯穿于审计业务的全过程，但是这两项活动需要安排在其他审计工作之前，以确保注册会计师已具备执行业务所需要的独立性和专业胜任能力，且不存在因管理层诚信问题而影响注册会计师保持该项业务意愿等情况。在连续审计的业务中，这些初步业务活动通常是在上期审计工作结束后不久或将要结束时就已经开始了。

第三，签订或修改审计业务约定书。在做出接受或保持客户关系及具体审计业务的决策后，注册会计师应当在审计业务开始前，与被审计单位就审计业务约定条款达成一致意见，签订或修改审计业务约定书，以避免双方对审计业务的理解产生分歧。审计业务约定书是指会计师事务所与被审计单位签订的，用以记录和确认审计业务的委托与受托关系、审计目标和范围、双方的责任以及报告的格式等事项的书面协议。审计业务约定书一经签订，双方就要按照约定书规定的条款履行义务，否则，要负法律责任。

在签订审计业务约定书前，会计师事务所应当委派注册会计师了解被审计单位的基本情况，初步评价审计风险。具体了解被审计单位的业务性质、经营规模和组织结构、经营情况及经营风险、以前年度接受审计情况、财务会计机构和工作组织及其他与签订业务约定书相关的基本情况。在初步了解情况、评价审计风险并充分考虑自身承受委托能力的基础上，与委托人就约定事项进行商谈，如商谈审计的目的与范围，审计中所采用的程序与方法，完成的工作量与工作时限，要求客户提供的工作条件和配合的方法、程度，双方的权利与义务，收费标准和付费方式等。

审计业务约定书的具体内容可能因被审计单位的不同而不同，但至少应当包括五个主要内容：第一，财务报表审计的目标与范围；第二，注册会计师的责任；第三，管理层的责任；第四，指出用于编制财务报表所适用的财务报告编制基础；第五，提及注册会计师拟出具的审计报告的预期形式和内容，以及对在特定情况下出具的审计报告可能不同于预期形式和内容的说明。

会计师事务所与被审计单位就约定事项达成一致意见后，即可接受委托，由会计师事务所和委托人双方的法定代表人或其授权的代表，正式签订审计业务约定书，并加盖委托人和会计师事务所的印章。审计业务约定书应当包括签约双方的名称、委托目的、审计范围、会计责任与审计责任、签约双方的义务、出具审计报告的时间要求、审计报告的使用责任、审计收费、审计业务约定书的有效期限、违约责任、签约时间以及签约双方认为应当约定的其他事项等内容。

2. 了解被审计单位及其环境

（1）了解被审计单位及其环境的内容。注册会计师在同被审计单位签订或修改审计业务约定书后，下一步工作就应了解被审计单位及其环境，并识别和评估重大错报风险。注册会计师应当从六个方面了解被审计单位及其环境：第一，行业状况、法律环境与监管环境以及其他外部因素；第二，被审计单位的性质；第三，被审计单位对会计政策的选择和运用；第四，被审计单位的目标、战略以及相关经营风险；第五，被审计单位财务业绩的衡量和评价；第六，被审计单位的内部控制。

上述第一项是被审计单位的外部环境，第二项至第四项以及第六项是被审计单位的内部因素，第五项则既有外部因素也有内部因素。需要注意的是，被审计单位及其环境的各个方面可能会互相影响。因此，注册会计师在对被审计单位及其环境的各个方面进行了解和评估时，应当考虑各因素之间的相互关系。

（2）了解被审计单位及其环境的作用。第一，确定重要性水平，并随着审计工作的进程评估对重要性水平的判断是否仍然适当；第二，考虑会计政策的选择和运用是否恰当，以及财务报表的列报是否适当；第三，识别需要特别考虑的领域，包括关联方交易、管理层运用持续经营假设的合理性，或交易是否具有合理的商业目的等；第四，确定在实施分析程序时所使用的预期值；第五，设计和实施进一步审计程序，以将审计风险降至可接受的低水平；第六，评价所获取审计证据的充分性和适当性。

(3) 了解被审计单位及其环境的程度。了解被审计单位及其环境是一个连续和动态的收集、更新与分析信息的过程，贯穿于整个审计过程的始终。评价对被审计单位及其环境了解的程度是否恰当，关键是看注册会计师对被审计单位及其环境的了解是否足以识别和评估财务报表重大错报风险。如果了解被审计单位及其环境获得的信息足以识别和评估财务报表重大错报风险、设计和实施进一步审计程序，那么了解的程度就是恰当的。当然，要求注册会计师对被审计单位及其环境了解的程度，要低于管理层为经营管理企业而对被审计单位及其环境需要了解的程度。

(4) 了解被审计单位的内部控制。

1) 了解内部控制的内容。内部控制的目标旨在合理保证财务报告的可靠性、经营的效率和效果以及对法律法规的遵守。注册会计师审计的目标是对财务报表是否存在重大错报发表审计意见，尽管要求注册会计师在财务报表审计中考虑与财务报表编制相关的内部控制，但目的并非对被审计单位内部控制的有效性发表意见。因此，注册会计师需要了解和评价的内部控制只是与财务报表审计相关的内部控制，并非被审计单位所有的内部控制。

第一，为实现财务报告可靠性目标设计和实施的控制。与审计相关的控制，包括被审计单位为实现财务报告可靠性目标而设计和实施的控制。注册会计师应当运用职业判断，考虑一项控制单独或连同其他控制是否与评估重大错报风险以及针对评估的风险设计和实施进一步审计程序有关。

第二，与其他审计相关的控制。如果在设计和实施进一步审计程序时拟利用被审计单位内部生成的信息，针对该信息完整性和准确性的控制可能与审计有关。如果与经营和合规目标相关的控制同注册会计师实施审计程序时评价或使用的数据有关，则这些控制也可能与审计相关。注册会计师以前的经验以及在了解被审计单位及其环境过程中获得的信息，可以帮助注册会计师识别与审计相关的控制。被审计单位通常有一些与目标相关但与审计无关的控制，注册会计师无须对此加以考虑。

2) 了解内部控制的深度。对内部控制了解的深度，是指在了解被审计单位及其环境时对内部控制了解的程度，包括评价内部控制的设计，并确定其是否得到执行，但不包括对控制是否得到一贯执行的测试。

第一，评价控制的设计。注册会计师在了解内部控制时，应当评价控制的设计，并确定其是否得到执行。评价控制的设计，涉及考虑该控制单独或连同其他控制是否能够有效防止或发现并纠正重大错报。控制得到执行是指某项控制存在且被审计单位正在使用。设计不当的控制可能表明内部控制存在重大缺陷，注册会计师在确定是否考虑控制得到执行时，应当首先考虑控制的设计。如果内部控制设计不当，需要再考虑内部控制是否得到执行。

第二，获取控制设计和执行的审计证据。注册会计师应当实施下列风险评估程序，以获取有关控制设计和执行的审计证据：询问被审计单位人员；观察特定控制的运用；检查文件和报告；追踪交易在财务报告信息系统中的处理过程（穿行测试）。通过这些程序，注册会计师应初步确定是否拟信赖被审计单位的内部控制。如果注册会计师对内部控制设计和执行了解的结果是拟信赖被审计单位的内部控制，则应据此设计进一步审计程序和控制测试的具体实施；如果注册会计师对内部控制设计和执行了解的结果是不打算信赖被审计单位的内部控制，则在进一步审计程序中不必实施控制测试，直接实施实质性测试即可。

3. 识别和评估重大错报风险

在评估重大错报风险时，注册会计师应当实施下列四个审计程序：

第一，在了解被审计单位及其环境的整个过程中，结合对财务报表中各类交易、账户余额和披露的考虑，识别风险。如竞争者开发的新产品上市，可能导致被审计单位的主要产品在短期内过时，预示将出现存货跌价和长期资产的减值。

第二，结合对拟测试的相关控制的考虑，将识别出的风险与认定层次可能发生错报的领域相联系。例如，销售困难使产品的市场价格下降，可能导致年末存货成本高于其可变现净值而需要计提存货减值准备，这显示存货的计价认定可能发生错报。

第三，评估识别出的风险，并评价其是否更广泛地与财务报表整体相关，进而潜在地影响多项认定。

第四，考虑发生错报的可能性，以及潜在错报的重大程度是否足以导致重大错报。

在对重大错报风险进行识别和评估后，注册会计师应当确定识别的重大错报风险是与特定的某项交易、账户余额和披露的认定相关，还是与财务报表整体广泛相关，进而影响多项认定。注册会计师应当针对评估的财务报表层次重大错报风险确定总体应对措施，并针对评估的认定层次的重大错报风险设计和实施进一步审计程序，以将审计风险降低至可接受的低水平。当然，评估重大错报风险和了解被审计单位及其环境一样，也是一个连续和动态地收集、新与分析信息的过程，贯穿于整个审计过程的始终。

4. 计划审计工作

计划审计工作是指注册会计师为了完成被审计单位年度财务报表的审计业务，达到预期的审计目的，在具体执行审计程序之前编制的工作计划，也称为审计计划。计划审计工作是在具体执行审计程序以前拟定的有关审计对象、审计工作范围以及审计程序等方面内容的书面文件，它既是对审计过程的具体安排，又是对审计计划过程的总结。

合理的审计计划有助于注册会计师关注重点审计领域、及时发现和解决潜在问题及恰当地组织和管理审计工作，以使审计工作更加有效。同时充分的审计计划还可以帮助注册会计师对项目组成员进行恰当分工和指导监督，并复核其工作，还有助于协调其他注册会计师和专家的工作。审计计划分为总体审计策略和具体审计计划两个层次。注册会计师应当针对总体审计策略中所识别的不同事项，制订具体审计计划，并考虑通过有效利用审计资源以实现审计目标。

（1）总体审计策略。总体审计策略是注册会计师根据确定的审计范围，对能够最有效实现审计目的的审计程序进行选择的基本思路和组织方式，主要用来确定审计范围、时间安排和方向，指导具体审计计划的制订。审计计划应由审计项目负责人编制。编制完成的审计计划，应当经会计师事务所的有关业务负责人审核和批准。总体审计策略的制定应当包括以下四点：

第一，确定审计业务的特征，以界定审计业务范围，包括使用的会计准则和相关会计制度、特定行业的报告要求以及被审计单位组成部分的分布等。

第二，明确审计业务的报告目标，以计划审计工作的时间和所需沟通的内容与方式，包括中期和年度财务报告的最后期限、预期与管理层和治理层沟通的重要日期等。

第三，考虑影响审计业务的重要因素，以确定项目组工作方向，包括确定适当的重要性水平，初步识别可能存在重大错报风险的领域，初步识别重要组成部分和账户余额、评价是否需要针对内部控制的有效性获取审计证据，识别被审计单位、所在行业、财务报告要求及其他相关方面最近发生的重大变化等。

第四，分析可供支配和调控的审计资源。注册会计师应当在总体审计策略中清楚地说明审计资源的规划和调配，包括确定执行审计业务所必需的审计资源的性质、时间安排和范围。

（2）具体审计计划。具体审计计划是依据总体审计策略制订的，是对总体审计策略的分解和补充，其内容包括为获取充分、适当的审计证据以将审计风险降低至可接受的水平，项目组成员拟实施的审计程序的性质、时间安排和范围。可以说，为获取充分、适当的审计证据，而确定审计程序的性质、时间安排和范围的决策是具体审计计划的核心。具体审计计划应当包括对风险评估程序、计划实施的进一步审计程序和其他审计程序的具体规划。

第一，风险评估程序。风险评估程序是指为了足够识别和评估财务报表重大错报风险，注册会计师计划实施的风险评估程序的性质、时间和范围。

第二，计划实施的进一步审计程序。进一步审计程序是针对评估的认定层次的重大错报风险，注册会计师计划实施的进一步审计程序的性质、时间和范围。通常，注册会计师计划的进一步审计程序可以分为进一步审计程序的总体方案和拟实施的具体审计程序两个层次。进一步审计程序的总体方案主要是指注册会计师针对各类交易、账户余额和列报决定采用的总体方案。具体审计程序则是对进一步审计程序总体方案的延伸和细化，它通常包括控制测试和实质性程序的性质、时间和范围。

第三，计划实施的其他审计程序。计划实施的其他审计程序可以包括上述进一步审计程序的计划中没有涵盖的、根据其他审计准则的要求注册会计师应当执行的既定程序。例如，阅读含有已审计财务报表的文件中的其他信息，询问被审计单位聘请的外部法律顾问、专业评估师、投资顾问和财务顾问等。

当然，由于被审计单位所处行业、环境各不相同，特别项目可能也有所不同。例如，有些被审计单位可能涉及环境事项、电子商务等，在实务中注册会计师应根据被审计单位的具体情况确定特定项目并执行相应的审计程序。

计划审计工作并非审计业务的一个独立阶段，而是一个持续的、不断修正的过程，贯穿于整个审计业务的始终。由于未预期事项、条件的变化或在实施审计程序中获取的审计证据等原因，注册会计师应当在审计过程中对总体审计策略和具体审计计划做出必要的更新和修改。例如，对重要性水平的修改，对某类交易、账户余额和列报的重大错报风险的评估和进一步审计程序（包括总体方案和拟实施的具体审计程序）的更新和修改等。

一旦计划被更新和修改，审计工作也就应当进行相应修正。例如，如果在制订审计计划时，注册会计师基于对材料采购交易的相关控制设计和执行获取的审计证据，认为相关控制设计合理并得以执行，因此未将其评价为高风险领域并且计划实施控制测试。但是在实施控制测试时获取的审计证据与审计计划阶段获取的审计证据相矛盾，注册会计师认为该类交易的控制没有得到有效执行，此时，注册会计师可能需要修正对该类交易的风险评估，并基于修正的风险评估结果修改计划的审计方案，如采用实质性方案。

（三）内部审计的准备阶段

部门、单位内部审计机构所进行的内部审计，在准备阶段的工作内容与国家审计大体相同，但审计项目的确定依据更多的是本部门、本单位的实际经济情况，以及本部门、本单位领导交办的案件。内部审计人员一般熟悉本部门、本单位的内部情况，因此，可以不需要过分多的准备工作，便能迅速进入下一阶段工作。

（一）国家审计计划阶段

一般地，审计计划即为审计机构或人员，为达到预期的审计目的，对审计工作或具体审计项目做出的事前安排。国家审计计划包括年度审计项目计划与具体审计工作方案两个层次。

审计机关应当根据法定的审计职责和审计管辖范围，编制年度审计项目计划。审计机关按照三个步骤编制年度审计项目计划：第一，调查审计需求，初步选择审计项目；第二，对初选审计项目进行可行性研究，确定备选审计项目及其优先顺序；第三，评估审计机关可用审计资源，确定审计项目，编制年度审计项目计划。

审计机关年度审计项目计划的内容主要包括六点：第一，审计项目名称；第二，审计目标，即实施审计项目预期要完成的任务和结果；第三，审计范围，即审计项目涉及的具体单位、事项和所属期间；第四，审计重点；第五，审计项目组织和实施单位；第六，审计资源。

审计机关业务部门编制审计工作方案，应当根据年度审计项目计划形成过程中的调查审计需求、进行可行性研究的情况，开展进一步调查，对审计目标、范围、重点和项目组织实施等进行确定，审计工作方案作为实施审计项目的具体安排，是保证审计工作取得预期效果的有效措施，也是审计机关据以检查、控制审计工作质量、进度的依据。审计工作方案是在综合已经取得的资料和掌握的情况，以及明确审计的重要问题的基础上形成的，其主要内容包括：审计项目名称；被审计单位名称；审计目标；审计方式；编制依据；审计的范围和内容；审计要点、步骤和方法；时间进度和人员分工等。审计工作方案的调整，应当按规定的程序进行修改，经派出审计组的审计机关主管领导同意后实施。

（二）注册会计师审计计划阶段

就一次审计项目而言，注册会计师审计计划具体包括以下两个层次：

（1）总体审计策略。总体审计策略用于确定审计范围、时间和方向，并指导制订具体审计计划。总体审计策略的制定应当包括三点：第一，确定审计业务的特征，包括采用的会计准则和相关会计制度、特定行业的报告要求以及被审计单位组成部分的分布等，以界定审计范围；第二，明确审计业务的报告目标，以计划审计的时间安排和所需沟通的性质，包括提交审计报告的时间要求、预期与管理层和治理层沟通的重要日期等；第三，考虑影响审计业务的重要因素，以确定项目组工作方向，包括确定适当的重要性水平、初步识别可能存在的重大错报风险较高的领域、初步识别重要的组成部分和账户余额。评价是否需要针对内部控制的有效性获取审计证据，识别被审计单位所处行业、财务报告要求及其他相关方面最近发生的重大变化等。

（2）具体审计计划。具体审计计划比总体审计策略更加详细，其内容包括为获取充分、适当的审计证据以将审计风险降至可接受的低水平，项目组成员拟实施的审计程序的性质、时间和范围。具体审计计划应当包括三项内容：第一，按照《中国注册会计师审计准则第1211号——了解被审计单位及其环境并评估重大错报风险》的规定，为了足够识别和评估财务报表重大错报风险，注册会计师计划实施的风险评估程序的性质、时间和范围；第二，按照《中国注册会计师审计准则第1231号——针对评估的重大错报风险实施的程序》的规定，针对评估的认定层次的重大错报风险，注册会计师计划实施的进一步审计程序的性质、时间和范围；第三，根据中国注册会计师审计准则（以下简称审计准测）的规定，注册会计师针对审计业务需要实施的其他审计程序。

计划审计工作并非审计业务的一个孤立阶段，而是一个持续的、不断修正的过程，贯穿整个审计业务的始终。由于未预期事项、条件的变化或在实施审计程序中获取的审计证据等原因，注册会计师应当在审计过程中对总体审计策略和具体审计计划做出必要的更新和修改。

（三）内部审计计划阶段

单位内部审计机构编制的审计计划一般包括年度审计计划和项目审计方案。年度审计计划是对年度预期要完成的审计任务所做的工作安排，是组织年度工作计划的重要组成部分。项目审计方案是对实施具体审计项目所需要的审计内容、审计程序、人员分工、审计时间等做出的安排。内部审计机构应当在本年度编制下年度审计计划，并报经组织董事会或者最高管理层批准。审计项目负责人应当在审计项目实施前编制项目审计方案，并报经内部审计机构负责人批准，内部审计机构应当根据批准后的审计计划组织开展内部审计活动。审计计划执行过程中，如有必要，应当按照规定的程序对审计计划进行调整。

编制年度审计计划应当结合内部审计中长期规划，在对组织风险进行评估的基础上，根据组织的风险状况、管理需要和审计资源的配置情况，确定具体审计项目及时间安排。年度审计计划应当包括四项基本内容：第一，年度审计工作目标；第二，具体审计项目及实施时间；第三，各审计项目需要的审计资源；第四，后续审计安排。

审计项目负责人应当根据被审计单位的情况，编制项目审计方案。项目审计方案应当包括八项基本内容：第一，被审计单位、项目的名称；第二，审计目标和范围；第三，审计内容和重点；第四，审计程序和方法；第五，审计组成员的组成及分工；第六，审计起止日期；第七，对专家和外部审计工作结果的利用；第八，其他有关内容。

第二节　审计实施阶段研究

一、国家审计的实施阶段

审计实施阶段是审计组进驻被审计单位，就地审查会计凭证、会计账簿、会计报表，查阅与审计事项有关的文件、资料，检查现金、实物、有价证券，并向有关单位和人员调查，以取得证明材料的过程。在审计实施阶段，审计组需要搜集大量审计证据，编制大量审计工作底稿，从而为揭查问题、形成审计意见和整改建议提供工作基础。

（一）获取审计资料并深入调查

审计组进驻被审计单位后，应向被审计单位领导说明审计的范围、内容与目的要求，争取他们的支持；约请被审计单位领导和有关部门负责人共同确定工作部署，确定与审计组的联系人和提供必要的资料等问题，听取被审计单位负责人及有关职能部门对单位情况的介绍；并采用适当方式，使单位职工了解审计目的、内容，以取得支持和协助。审计组应获取的资料包括：被审计单位有关的规章、制度、文件、计划、合同文本；被查期间的各种审计资料、分析资料，上年度财务报表、分析资料以及以往接受各种检查、审计的资料；各种自制原始凭证的存根，未黏附在记账凭证上的各种支票、发票、收据等存根，以及银行账户、银行收账单、备查簿等相关的经济信息资料。

获取的资料要当面清点，注意残缺页码，并列表登记，注明资料来源。移交与接收双方都要在移交表或调阅单上签名。为了全面、深入地了解被审计单位业务活动的一些具体规定、手续以及内控制度的执行情况，审计组在收集资料以后，应当通过查阅资料、观察、咨询等方式了解被审计单位的有关情况，特别是了解被审计单位的各项业务处理手续，有关财务会计业务处理和现金、物资管理方面的内控制度建立完善情况和实际贯彻执行情况。目的是进一步确定审计的范围、内容重点以及有效的方法。

（二）进行审计控制测试

审计组认为存在下列情形之一的，应当测试相关内部控制的有效性：第一，某项内部控制设计合理且预期运行有效，能够防止重要问题的发生；第二，仅实施实质性审查不足以为发现重要问题提供适当、充分的审计证据。审计人员决定不依赖某项内部控制的，可以对审计事项直接进行实质性审查。被审计单位规模较小、业务比较简单的，审计人员可以对审计事项直接进行实质性审查。

进行控制测试的目的是对内部控制制度的有效性进行综合评价，从中发现内部控制制度的强点和弱点，并分析原因。根据内部控制制度的强点和弱点，对审计方案进行适当调整。将审查重点放在内部控制制度的弱点上，对强点则进行一般审查，以尽可能高效、高质量地取得审计证明材料，提高审计工作效率。

（三）实施实质性审计程序

《中华人民共和国审计法》第38条规定：审计人员通过审查会计凭证、会计账簿、会计报表，查阅与审计事项有关的文件、资料，检查现金、实物、有价证券，向有关单位和个人以调查等方式进行审计，并取得证明材料。根据以上规定，审计人员应做好以下六项工作：

(1) 检查分析会计报表。要对其外观形式进行审查，看被审计单位所编制的各种财务报表是否符合规定和要求，表页、表内项目、指标是否齐全。要审阅各报表之间的勾稽关系，以及分析各报表内相关数字间的勾稽关系。

(2) 审查分析各类账户。要判断容易发生差错或有虚假的账户；要审查分析各类账户记录的增减变动情况，判断业务的真实性和数据的真实性，如果材料账户的记录长期无变动，则应考察材料是否确实存在或是否能利用。要核实账户余额，包括总账和明细账，特别是结算类账户和跨期摊配账户。

(3) 实物盘点与资产清查。审计人员在审查分析有关书面资料后，还应对有关盘存账户所记录的内容进行实物盘点，以取得实物证据。如库存现金盘点、库存材料盘点、低值易耗品盘点、在产品盘点、产成品盘点、固定资产盘点等。如实物较多，审计人员应按可能性、必要性、重要性的原则，有选择地进行重点盘点。

(4) 抽查有关凭证，以确定账簿记录的真实性，以及数据所反映的经济业务是否合理、合法。

(5) 审计人员要对被审计单位所计算的结果进行复算，以确定是否有故意歪曲计算结果的弊端或无意造成的计算差错。

(6) 审计人员在审查中，发现有疑点时，可向有关单位和个人以函询或面询的方式进行调查审。计人员向有关单位和个人进行调查时，应当出示审计人员的工作证件和审计通知书副本，审计人员不少于2人。

（四）记录工作过程并编制审计工作底稿

对审计中发现的问题，做出详细、准确的记录，并注明资料来源。在审计过程中，审计人员必须有详细的工作记录，以便反映出审计工作的全部过程。这些记录，有些可以直接作为正式的审计工作底稿，有些则要重新编写。审计工作底稿是审计证明材料的汇集，在汇集证明材料时，应注明证明材料的来源。

审计工作底稿是撰写审计报告的基础，是检查审计工作质量的依据，也是行使复议乃至再度审计时需要审阅的重要资料。审计组长应当对审计人员的审计工作底稿进行必要的检查和复核（对审计组成员的工作质量和审计工作目标完成情况进行监督）。审计工作就是不断收集审计证据、整理分析证据、运用审计证据的过程。通过检查、复核和整理审计工作底稿，对汇集的审计证据进行认真审查。鉴定证明材料的客观性、相关性和合法性，检查审计组是否已经收集到足以证明审计事实真相的证明材料，以便及时采取补救措施，保证审计组收集的证明材料的充分性。

二、注册会计师审计的实施阶段

（一）风险评估程序的实施

注册会计师必须实施风险评估程序，以此作为评估财务报表层次和认定层次重大错报风险的基础。所谓风险评估程序，是指注册会计师实施了了解被审计单位及其环境并识别和评估财务报表中的错报风险的程序。风险评估程序是必要程序，了解被审计单位及其环境特别是为注册会计师在许多关键环节做出职业判断提供重要基础。了解被审计单位及其环境实际上是一个连续和动态收集、更新与分析信息的过程，贯穿整个审计过程的始终。

一般来说，实施风险评估程序的主要工作包括：了解被审计单位及其环境；识别和评估财务报表层次以及各类交易、账户余额、列报认定层次的重大错报风险，包括确定需要特别考虑的重大错报风险以及仅通过实施实质性程序无法应对的重大错报风险等。

（二）控制测试的实施

注册会计师实施风险评估程序本身并不足以为发表审计意见提供充分、适当的审计证据，注册会计师还应当实施进一步审计程序，包括实施控制测试和实质性程序。注册会计师应当实施控制测试的情形有两点：第一，在评估认定层次重大错报风险时，预期控制的运行是有效的；第二，仅实施实质性程序并不能够提供认定层次充分、适当的审计证据。实施控制测试的目的是测试内部控制在防止、发现并纠正认定层次重大错报方面运行的有效性，从而支持或修正重大错报风险的评估结果，据以确定实质性程序的性质、时间和范围。

注册会计师在审计过程中发现内部控制重大问题时，应当向被审计单位报告，如有需要可出具管理建议书。注册会计师主要对财务报告相关控制进行测试，然后据以确定内部控制可信赖程度。为了取得满意的测试效果，应科学安排审计抽样及抽样结果的评价。

（三）实质性程序的实施

注册会计师针对评估的重大错报风险实施实质性程序，以发现认定层次的重大错报。实质性程序包括对各类交易、账户余额、列报的细节测试及实质性分析程序。可以选择检查、观察、询问、重新计算等具体审计程序作为细节测试的执行程序，如向债务人发函证实应收账款的存在性、监督被审计单位对存货进行盘点等，而对在一段时期内存在可预期关系大量交易的，注册会计师可以考虑实施实质性分析程序。

注册会计师实施的实质性程序应当包括两点与财务报表编制完成阶段相关的审计程

序：第一，将财务报表与其所依据的会计记录相核对；第二，检查财务报表编制过程中做出的重大会计分录和其他会计调整。注册会计师对会计分录和其他会计调整检查的性质和范围，取决于被审计单位财务报告过程的性质和复杂程度以及由此产生的重大错报风险。无论评估的重大错报风险结果如何，注册会计师都应当针对所有重大的各类交易、账户余额、列报实施实质性程序。

（四）记录审计工作并编制审计工作底稿

注册会计师需要基于审计过程中的发现，经过分析、整理并形成结论或审计建议，这一过程中要有大量的审计工作底稿的形成并辅以严格的管理制度。注册会计师编制或取得的审计工作底稿通常包括总体审计策略、具体审计计划、分析表、问题备忘录、重大事项概要、询证函回函、管理层声明书、核对表、有关重大事项的往来信件（包括电子邮件），以及对被审计单位文件记录的摘要或复印件等，这些工作底稿主要形成于审计实施阶段。

编制审计工作底稿，应当包括被审计单位名称、审计项目名称、审计项目时点或期间、审计过程记录、审计标识及其说明、审计结论、索引号及页次、编制者姓名及编制日期、复核者姓名及复核日期以及其他应说明事项。审计工作底稿中由被审计单位、其他人员提供或代为编制的资料，注册会计师除应注明资料来源外，还要在实施必要的审计程序过程中，形成相应的审计记录。

会计师事务所应当建立审计工作底稿复核制度。各复核人在复核审计工作底稿时，应做出必要的复核记录，书面表示复核意见并签名。在复核中，各复核人如发现已执行的审计程序和做出的审计记录存在问题，应指示有关人员予以答复、处理，并形成相应的审计记录。审计工作底稿的所有权属于接受委托进行审计的会计师事务所。

注册会计师应对审计工作底稿进行分类整理，形成审计档案。审计档案分为永久性档案和当期档案。会计师事务所应当建立审计档案保管制度，以确保审计档案的安全、完整。会计师事务所应当建立审计工作底稿保密制度，对审计工作底稿中涉及的商业秘密保密。遇有特殊情况，如法院、检察院以及其他部门依法办案需要，以及中国注册会计师协会检查等需要，可在会计师事务所协助下查阅审计工作底稿，以及复印或摘录有关内容。

三、内部审计实施阶段研究

与国家审计和注册会计师审计相比，内部审计的实施阶段同样包含审计证据的收集与形成审计工作底稿等工作。然而，由于内部审计人员依靠自己对本部门、本单位的了解，已经积累了对审计环境的认识，一般足以使他们于实施阶段一开始便径直着手深入地审核检查工作，即使有些一般情况需要了解，亦可与审核检查工作结合进行。对审计中发现的问题，亦可随时向有关单位和人员提出改进的建议。

在了解被审计单位及其内部控制阶段，审计人员应关注信息系统对业务活动、内部控制和风险管理的影响。内部审计人员应利用熟悉审计环境的优势条件，关注被审计单位业务活动内部控制和风险管理中的舞弊风险，对舞弊行为进行检查和报告。内部审计人员可以运用审核、观察、监盘、访谈、调查、函证、计算和分析程序等方法，获取相关、可靠和充分的审计证据，以支持审计结论、意见和建议。内部审计人员应当在审计工作底稿中记录审计程序的执行过程、获取的审计证据，以及做出的审计结论。

内部审计人员在审计工作中应当编制审计工作底稿。在审计业务执行过程中，审计项目负责人应当加强对审计工作底稿的现场复核。内部审计人员在审计项目完成后，应当及时对审计工作底稿进行分类整理，按照审计工作底稿的相关规定进行归档、保管和使用。审计工作底稿归组织所有，由内部审计机构或者组织内部有关部门具体负责保管。内部审计机构应当建立审计工作底稿保管制度。如果内部审计机构以外的组织或者个人要求查阅审计工作底稿，必须经内部审计机构负责人或者其主管领导批准，但国家有关部门依法进行查阅的除外。

第三节　审计完成与报告阶段研究

一、审计完成阶段

（一）国家审计的完成阶段

审计的报告阶段，也称审计的终结阶段，是审计工作的总结阶段，这一阶段的工作主要是编制审计报告，做出审计决定。

1. 出具审计报告

按照《中华人民共和国审计法》第39条规定，审计组对审计事项实施审计后，应当向审计机关报告。审计组编写的审计报告应当征求被审计单位的意见，由审计组组长签字后，连同被审计单位的书面意见等一同报送审计机关。

按照《中华人民共和国审计法》及其实施条例的规定，审计机关审定审计报告阶段的主要工作有四个方面：第一，审定报告，对审计事项做出评价；第二，出具审计意见书；第三，对违反国家规定的财政收支、财务收支行为，需要依法给予处理、处罚的，在法定职权范围内做出审计决定或者向有关主管机关提出处理、处罚意见；第四，提出审计结果报告和审计工作报告。

在完成审计报告审定工作后，就要进行资料处理和审计小结工作。例如，全部归还借阅的资料。整理审计过程中形成的资料，应将永久保存的资料、长期保存的资料、短期保存的资料立卷归档，移交档案部门管理，将无保存价值的资料造册登记后销毁。所有工作结束后，审计组应及时进行总结，以利于工作水平不断提高。

2. 下达审计决定且检查决定执行

审计机关在审计组提交的审计报告审定后，要根据被审计单位违法、违纪的实际情况，对被审计单位财务收支进行评价。提出应自行纠正的事项和改进建议，出具审计意见书。对违规需处理、处罚的，做出处理、处罚决定，出具审计决定书。对违规负有直接责任的主管人员和其他直接责任人，审计机关认为应该由有关主管机关处理、处罚的，出具审计建议书。对涉嫌违法行为的，出具移送处理书，由司法机关追究其刑事责任。

审计机关在做出审计决定前，应由专门机构对审计意见、建议、决定进行复核，经复核后将审计意见、决定等向被审计单位及有关部门下达。审计机关应在收到报告日 30 日内下达，90 日内执行。特殊情况可以延长，但应经审计机关批准。审计机关在审计决定下达后，应检查是否得到执行。如果在 90 日内，发现未执行，应报告人民政府或提请主管部门在法定职权范围内依法做出处理，或者向人民法院提出强制执行申请。

审计机关的审计决定送达后，被审计单位对地方审计机关做出的具体行政行为不服的，可以先向上一级审计机关或者本级人民政府申请复议；但对地方性法规规定或者本级人民政府交办的事项审计不服的，应当先向本级人民政府申请复议；对中华人民共和国审计署做出的具体行政行为不服的，应当先向中华人民共和国审计署申请复议。审计机关按照《行政复议条例》和其他有关法律法规的规定，办理审计复议事项。被审计单位、个人对复议决定不服的，可以依法向人民法院起诉。

审计行政复议是指审计机关在行使审计职权做出具体审计行政行为时，与作为审计行政相对人的公民、法人或其他组织发生争议，根据审计行政相对人的申请，由审计行政复议机关对引起争议的具体审计行政行为进行审查并做出裁决的活动。简言之，审计行政复议就是审计行政复议机关根据审计行政相对人的申请，依法解决审计行政争议的活动。

（二）注册会计师审计的完成阶段

1. 出具审计报告前的主要事项

（1）编制审计差异调整表。审计差异内容，按是否需要调整账户记录，分为核算误差（由于不正确的会计核算）和重分类误差（未按准则制度编表）；对核算误差，按重要性原则，划分为建议调整的不符事项与未调第五章审计程序不符事项。单笔核算误差超过所涉及财务报表项目（或账项）层次重要性水平的，视为建议调整的不符事项。确定建议调整的不符事项和重分类误差后，应以书面方式及时征求意见。

（2）评价被审计单位持续经营假设是否合理。一般而言，只有当所有审计证据汇总完毕并且对财务报表按照审计师的意见进行调整之后，才能对持续经营能力做出最终评价。在对被审计单位确实存在持续经营能力问题做出评价后，审计师还必须对管理层为规避破产而提出的发展计划进行评价，并对该计划的可行性做出评估。

(3) 复核或有事项和期后事项。常见的或有事项主要包括：未决诉讼或仲裁、债务担保、产品质量保证（含产品安全保证）、承诺、亏损合同、重组义务、环境污染整治等。注册会计师应当对或有事项实施必要的审计程序。特别需要指出的是，由于或有事项本质上属于不确定事项，相应地，其重大错报风险较高，需要注册会计师予以充分关注。常见的期后事项分为以下两类：

第一，对财务报表日已经存在的情况提供证据的事项，即对财务报表日已经存在的情况提供了新的或进一步证据的事项，这类事项影响财务报表金额，需提请被审计单位管理层调整财务报表及与之相关的披露信息。

第二，对财务报表日后发生的情况提供证据的事项，即表明财务报表日后发生的情况的事项。这类事项虽不影响财务报表金额，但可能影响对财务报表的正确理解，注册会计师需提请被审计单位管理层在财务报表附注中做适当披露。

(4) 对重要性和审计风险进行最终的评价。注册会计师应按财务报表项目确定可能的审计差异即可能错报金额。可能错报金额由已知错报（已发现的错报），估计、推断的错报，以及通过运用分析性复核程序发现和运用其他审计程序所量化的其他估计错报三部分构成。在此基础上，注册会计师需要确定各财务报表项目可能错报总额对财务报表层次重要性水平和其他与这些错报有关的财务报表总额的影响程度。尽管注册会计师在审计计划阶段已确定了审计风险的可接受水平，随着可能错报总额的增加，财务报表可能被严重错报的风险也会增加：首先，若注册会计师得出结论，审计风险处在一个可接受的水平，那么可以直接提出审计结果所支持的意见；其次，若注册会计师认为审计风险不能接受，那么应追加实施额外的实质性程序或者说服被审计单位做必要调整，以便使重要错报的风险被降低到一个可接受的水平，否则应慎重考虑该审计风险对审计报告的影响。

(5) 与客户沟通并获取管理层声明书。审计结束之后，审计师还应与被审计单位进行一些必要的双向沟通，沟通的内容包括财务报告审计中就审计责任进行沟通，以及审计过程中发现的已更正的重大错报、审计师针对重大会计实务和估计等质量方面的看法以及与管理层之间的分歧等审计过程中遇到的重大困难等。

关于审计过程中重大发现的沟通一般以书面形式进行，关于其他事项的沟通则可以采取口头或书面的形式，不过以口头形式进行的沟通必须记录在审计记录中。沟通必须及时，以便治理层能够采取适当的措施与行动。一般而言，关于审计师责任和审计范围与时间安排的沟通大多在审计过程的早期阶段，而关于重大发现的沟通则贯穿审计整个过程。

2. 出具审计报告

注册会计师应当在实施必要的审计程序后，以经过核实的审计证据为依据，形成审计意见，出具审计报告。审计报告应说明审计范围、会计责任与审计责任、审计依据和已实施的主要审计程序等事项。审计报告应当说明被审计单位会计报表的编制是否符合国家有关财务会计法规的规定，在所有重大方面是否公允地反映了其财务状况、经营成果和资金变动情况，以及所采用的会计处理方法是否遵循了一贯性原则。注册会计师根据情况，出具无保留意见、保留意见、否定意见和无法表示意见审计报告时，应当明确说明理由，并在可能的情况下，指出其对会计报表反映的影响程度。

（三）内部审计的完成阶段

1. 出具审计报告

内部审计的审计报告需由经办内部审计的审计人员提出后，征求被审计单位意见，并报送本部门、本单位领导审批。经批准的审计意见书和审计决定，送达被审计单位。被审计单位必须执行审计决定。对主要项目要进行后续审计，检查采纳审计意见后执行审计决定的情况。被审计单位对审计意见书和审计决定如有异议，可以向内部审计机构所在单位负责人提出，该负责人应当及时处理。国家审计机关派驻部门的审计机构代行所驻部门内部审计机构的职能，其做出的审计报告还应报送派出的审计机关。

2. 后续审计

内部审计人员应进行后续审计，促进本单位对审计发现问题及时采取合理、有效的纠正措施。后续审计，是指内部审计机构检查被审计单位对审计发现的问题所采取的纠正措施是否及时、合理和有效。

内部审计机构应在规定或约定的期限内执行后续审计。内部审计机构负责人应根据被审计单位反馈意见，确定后续审计时间和人员安排，编制后续审计方案。在编制后续审计方案时应考虑原审计决定和建议的重要性、纠正措施的复杂性、落实纠正措施所需要的期限和成本、纠正措施失败可能产生的影响、被审计单位的业务安排和时间要求等，应结合实际情况的变化考虑对原决定和建议进行修订。内部审计人员应根据后续审计的执行过程和结果，向被审计单位及组织适当管理层提交后续审计报告。

审计报告阶段是审计的最后一个阶段。注册会计师按循环法或账户法完成各财务报表项目的审计测试和一些特殊项目的审计工作后，在审计完成阶段应汇总审计测试结果，进行更具综合性的审计工作，如评价审计中的重大发现、汇总审计差异、考虑被审计单位持续经营假设的合理性、撰写审计总结、复核审计工作底稿和财务报表等。在此基础上，应评价审计结果，在与客户沟通以后，获取书面声明，确定应出具审计报告的意见类型和措辞，进而编制并致送审计报告，终结审计工作。

（一）评价审计中的发现

重大发现涉及会计政策的选择、运用和一贯性的重大事项，包括相关的信息披露。这些信息披露包含但不限于说明复杂的或是不常见的交易活动、会计估计和包含管理层假设在内的不确定性。

在审计完成阶段，项目合伙人和审计项目组考虑的重大发现和事项的内容包括五点：第一，中期复核中的重大发现及其对审计方法的相关影响；第二，涉及会计政策的选择、运用和一贯性的重大事项，包括相关披露；第三，就特定审计目标识别的重大风险，对审计策略和计划及审计程序所做的重大修改；第四，在与管理层和其他人员讨论重大发现和事项时得到的信息；第五，与注册会计师的最终审计结论相矛盾或不一致的信息。

若审计项目组内部、项目组与被咨询者之间以及项目合伙人与项目质量控制复核人员之间存在意见分歧，审计项目组应当遵循事务所的政策和程序，并予以妥善处理。

（二）汇总审计的差异

在实施必要的审计程序之后，对注册会计师在审计中发现的审计差异，审计项目经理应根据审计重要性原则予以初步确定和汇总，并建议被审计单位进行调整，使经审计的财务报表所载信息能够公允地反映被审计单位的财务状况、经营成果和现金流量。这一对审计差异内容的初步确定并汇总直至形成已审计的财务报表的过程，主要是通过编制审计差异调整表和试算平衡表得以完成的。

1. 各类型审计差异处理对审计结论的影响

对建议调整的不符事项、未建议调整的不符事项和重分类错误的不同处理，对审计结论的影响是不同的。

（1）建议调整的不符事项。如果被审计单位接受注册会计师的建议，对建议调整的不符事项进行处理，则对审计结论不会产生影响。如果被审计单位不接受注册会计师的调整建议，拒绝对建议调整的不符事项进行处理，则注册会计师需要考虑该事项对审计结论的影响，必要时出具保留意见或否定意见的审计报告。注册会计师建议调整而被审计单位拒绝调整的不符事项是造成审计错报、漏报的最重要原因。

（2）未建议调整的不符事项。考虑到审计重要性原则，注册会计师可能就某些从数量上和性质上看都不重要的事项未对被审计单位提出调整建议，所以这些事项不会形成主要的审计错报和漏报，但是注册会计师需要考虑这些事项汇总起来是否具有重大影响。如果未调整的不符事项汇总金额超过财务报表项目（或账户）层次重要性水平，注册会计师应从未建议调整的不符事项中选出几笔转为建议调整的不符事项。

（3）重分类错误。对于重分类错误，注册会计师需要建议被审计单位进行重分类调整，即使被审计单位未接受注册会计师的调整建议，如果在不存在其他重大错报、漏报的情况下，该事项也不会对审计结论造成影响。

2. 审计差异汇总表的编制

审计中各账户的审计工作底稿中分散地记录了审计调整分录和重分类分录，因此在审计报告阶段，注册会计师应将各账户的工作底稿及其中的调整分录和重分类分录予以汇总，以便了解被审计单位会计核算中存在差异的所有重要事项，也为了有效编制试算平衡表和代编经审计的财务报表。需要编制的汇总表分为三类：账项调整分录汇总表、重分类分录汇总表和未更正错报汇总表。

在编制各种汇总表时，需要注意以下三方面的问题：

第一，关于账项调整分录汇总表和未更正错报汇总表的区别。一般情况下，如果错报很小，达不到认定层次的重要性，放在未更正错报汇总表中。如果达到了认定层次的重要性，但被审计单位拒绝进行调整，也放进未更正错报汇总表中。如果被审计单位调整了，就放进账项调整分录汇总表中。

第二，在调整分录汇总表中，注册会计师需要汇总审计过程中发现的所有需要调整账簿和报表的错报，并且汇总计算涉及利润的错报对"本年利润""应交税费—应交企业所得税""利润分配—未分配利润""盈余公积—法定盈余公积"和"盈余公积—任意盈余公积"的影响金额。

第三，注册会计师确定核算错误和重分类错误后，应以书面方式及时征求被审计单位的意见。若被审计单位予以采纳，应取得其同意调整的书面确认；若被审计单位不予采纳，应分析原因，并根据错报的性质和重要程度，确定是否在审计报告中予以反映，以及如何反映。

3. 试算平衡表的编制

注册会计师编制试算平衡表的目的是验证被审计单位未审财务报表、调整分录、重分类分录、调整后的金额（审定数）的借贷是否平衡。由于报表项目众多，通常将试算平衡表分为资产负债类项目试算平衡表和利润表项目试算平衡表。

（三）复核审计工作底稿及财务报表

1. 复核审计工作底稿

会计师事务所应建立完善的审计工作底稿分级复核制度，对审计工作底稿的复核可分为两个层次：项目组内部复核和独立的项目质量控制复核。项目组内部复核又称审计工作底稿的三级复核，分为三个层次：项目负责经理的现场复核、部门经理的复核和项目合伙人的复核。

项目质量控制复核也称独立复核，是指在出具报告前，对项目组做出的重大判断和在准备报告时形成的结论做出客观评价的过程。注册会计师业务准则要求对上市实体财务报表审计以及会计师事务所确定需要实施项目质量控制复核的其他业务,实施项目质量控制复核。

2. 财务报表

在审计结束或临近结束时,注册会计师运用分析程序的目的是确定经审计调整后的财务报表是否与对被审计单位的了解一致,是否具有合理性。在运用分析程序进行总体复核时,如果识别出以前未识别的重大错报风险,注册会计师应当重新考虑对全部或部分各类别的交易、账户余额、披露评估的风险是否恰当,并在此基础上重新评估之前计划的审计程序是否充分,是否有必要追加审计程序。

(四)审计报告的出具

注册会计师评价审计结果,主要为了确定将要发表的审计意见的类型以及在整个审计工作中是否遵循了审计准则。为此,注册会计师必须完成两项工作:第一,对重要性和审计风险进行最终评价;第二,对被审计单位已审计财务报表形成审计意见并草拟审计报告。

1. 对重要性及审计风险进行最终评价

对重要性和审计风险进行最终评价,是注册会计师决定发表何种类型审计意见的必要过程。该过程可通过两个步骤来完成:第一,确定可能错报金额。可能错报金额包括已经识别的具体错报和推断误差;第二,根据财务报表层次重要性水平,确定可能的错报金额的汇总数(可能错报总额)对财务报表的影响程度。应当注意以下两点:

(1)财务报表层次重要性水平是指审计计划阶段确定的重要性水平。如果该重要性水平在审计过程中已做过修正,则当然应按修正后的财务报表层次重要性水平进行比较。

(2)可能错报总额一般是指各财务报表项目可能的错报金额的汇总数,但也可能包括上一期间的任何未更正可能错报对本期财务报表的影响。上一期间的未更正可能错报与本期未更正可能错报累计起来,可能会导致本期财务报表产生重大错报。因此,注册会计师估计本期的可能错报总和时,应当包括上一期间的未更正可能错报。

2. 对已审计财务报表形成审计意见并草拟审计报告

在审计过程中,要实施各种测试,这些测试通常是由参与本次审计工作的审计项目组成员来执行的,而每个成员所执行的测试可能只限于某几个领域或账项。所以,在完成审计工作阶段,为了对财务报表整体发表适当的意见,必须将这些分散的审计结果加以汇总和评价,综合考虑在审计过程中所收集到的全部证据。在有些情况下,这些工作可以先由审计项目经理初步完成,然后再逐级交给部门经理和主任会计师认真复核,但负责该审计项目的主任会计师对这些工作负有最终的责任。

在对审计意见形成最后决定之前会计师事务所通常要与被审计单位召开沟通会。在会议上，注册会计师可口头报告本次审计所发现的问题，并说明建议被审计单位做必要调整或表外披露的理由。当然，管理层也可以在会上申辩其立场，通常会对需要被审计单位做出的改变达成协议。如达成了协议，注册会计师一般即可签发标准审计报告。否则，注册会计师则可能不得不发表其他类型的审计意见。

第四节 一般审计组织方式方法研究

关于审计方法的界定，大致有两种不同的观点：一种是狭义的审计方法，即认为审计方法是注册会计师为取得充分有效审计证据而采取的一切技术和手段；另一种是广义的审计方法，即认为审计方法不应只是用来收集审计证据的技术，而应将整个审计过程中所运用的各种方式、方法、手段、技术都包括在审计方法的范畴之内。

一、一般审计组织方式方法的演进

百年来，虽然审计的根本目标没有发生重大变化，但审计环境却发生了很大的变化。注册会计师为了实现审计目标，一直随着审计环境的变化调整着审计方法。审计方法从账项基础审计发展到制度基础审计和风险导向审计，其实质都是注册会计师为了适应审计环境变化而做出的调整。

（一）账项基础审计模式

账项基础审计模式是指注册会计师主要根据对账项、交易的具体检查取得审计证据，生成审计意见。在审计发展的早期（19世纪以前），由于企业组织结构简单，业务性质单一，审计工作的主要目标是查错防弊，因此获取审计证据的方法比较简单，注册会计师将大部分精力投向会计凭证和账簿的详细检查。19世纪以后，虽然企业规模日益扩大，注册会计师已无法全面详细审计企业的会计账簿，审计方式只能是抽取凭证进行详细检查，但其实质仍然是详细审计。

（二）制度基础审计模式

20世纪40年代后，会计和审计步入了快速发展时期。由于企业规模日益扩大，经济活动和交易事项内容不断丰富、复杂，注册会计师花费的审计工作量迅速增大，需要的审计技术也日益复杂，使得详细审计难以实施。为了适应审计环境的变化和审计工作的需要，职业界逐渐改变了详细审计，代之以抽样审计。

为了进一步提高审计效率，改变抽样审计的随意性，注册会计师将审计的视角转向企业的管理制度，特别是会计信息赖以生成的内部控制，从而将内部控制与抽样审计结合起来。因此，从20世纪50年代起，以内部控制测试为基础的抽样审计在西方国家得到广泛应用。从方法论的角度看，该种审计模式可以被称作制度基础审计。

（三）风险导向审计模式

20世纪70年代以来，世界范围内政治经济和科学技术发生了巨大变化，社会各界对独立审计评价财务报表的责任提出了更高要求，审计期望差距不断扩大，审计成了一种高风险的职业。审计风险受到企业固有风险因素（如管理人员的品行和能力、行业所处环境、业务性质、企业目标、战略以及相关经营风险等）的影响，又受到内部控制风险因素（如账户余额或各类交易存在错报，内部控制未能防止、发现或纠正的风险）的影响，还会受到注册会计师实施实质性程序未能发现账户余额或各类交易存在错报风险的影响，因此，注册会计师仅以内部控制测试为基础实施抽样审计很难将审计风险降至可接受的水平，抽取样本量的大小也很难说服政府监管部门和社会公众。为了从理论和实践上解决制度基础审计存在的缺陷，规避审计风险，注册会计师职业界很快开发出了审计风险模型。从方法论的角度讲，注册会计师以审计风险模型为基础进行的审计可称为风险导向审计。

二、一般审计组织方式方法

（一）审查审计书面资料顺序的方法

依据审查被审计单位书面资料的顺序划分，审计方法可分为顺查法和逆查法。

1. 顺查法

顺查法是指注册会计师按照经济活动发生的先后顺序，依次从起点查到终点的审计方法。对会计资料的审查应按照会计核算程序的先后顺序，依次审核和分析凭证、账簿和报表，主要为了查"低估"问题。

顺查法的优点是简便易行，由于它是按照记账程序逐一地、仔细地核对，审计内容具体、详细，一般而言，账务上的错误基本可以检查出来，审计结果较为可靠。顺查法的缺点是事无大小都同等对待，往往使得注册会计师把握不住重点和主次方向，并且其着重对证、账表、进行机械核对，费时费力，使得注册会计师在使用时可能因小失大。因此顺查法一般适用于对规模较小、业务不多的单位审计时采用。

2. 逆查法

逆查法是指注册会计师按照经济活动进行的相反顺序审查，从终点查到起点的审计方法，主要为了查"高估"的问题。例如，在财务报表审计中，它就是按照会计核算程序的相反次序，先审查财务报表，从中发现错弊和问题，然后有针对性地依次审查和分析报表、账簿和凭证。

逆查法的优点是从大处着手，审计面较宽，审查的重点和目的比较明确，易于查清主要问题，审计效率较高。逆查法的缺点是注册会计师在使用过程中往往着重审查分析报表，并据以重点审查账目，可能会遗漏或疏忽某些更重要的问题，从而难以揭露账务处理的错弊；而且逆查法难度较大，因此，对注册会计师业务素质要求较高。

在审计发展的最初阶段主要采用顺查法，对被审计资料进行逐项审查，借以揭露会计资料中存在的错误和弊端。但随着审计的发展，这种低效率的审计已无法满足广大客户对审计的要求，从而出现了逆查法。实际上，逆查法和顺查法各有侧重，各有利弊，为发挥审计的效用，实务中常将两种方法结合起来运用，即采用逆查法时，对于需要了解的部分，不妨局部兼用顺查法详细查核；采用顺查法时，对于重要事项也可兼用逆查法，以免遗漏。

（二）审查审计书面资料范围的方法

依据审查被审计单位书面资料的范围划分，审计方法可分为详查法和抽查法。

1. 详查法

详查法就是对被审计单位被审查期内的全部账、证、表、单及其他会计资料，特别是重要（或可疑）项目所包括的全部会计资料进行全面、详细审查的方法。早期的财务审计通常采用这种方法。

详查法的优点是在审查会计资料的基础上对整个单位或某类业务期间内会计记录和凭证的全部资料进行逐一验证，既要核对凭证、账簿、报表，又要审查有关的经济资料并加以分析，所以审查能全面揭露会计工作中的违法行为，能较全面地查明问题并做出精确的稽查结论。详查法的缺点是因为要审查全部账、证、表、单，造成注册会计师的工作业务量极大，几乎相当于重复一次全面的会计核算工作，费时费力，稽查成本太高，导致工作效率低、审计周期长。

因此，在具体工作中，详查法大多应用于经济业务较少、会计核算简单的单位或者为了揭露重大问题而进行的专案审查，对管理问题、业务复杂的单位以及财经法纪稽查项目较为适用。而对那些规模较大、经济业务量大、经济资料多的大中型企事业单位，一般不宜采用此法。

2. 抽查法

抽查法是指从被审计单位一定期间的全部会计资料中抽取其中一部分进行审查，根据审查结果，借以推断审计对象总体有无错误和弊端的方法。抽查法的基本特点是根据审计对象的具体情况和审计目的，经过判断，选取具有代表性的、相对重要的项目作为样本，或者从被审查资料中随机抽取一定数量的样本,然后根据样本的审查结果来推断总体的正确性,或推断其余未抽取部分有无错弊。因此,现在审计通常采用这种方法。

抽查法的优点是审查重点明确,如果选对目标,省时省力,具有事半功倍的效果。抽查法的缺点是审计结果过分依赖抽查样本的合理性,如果抽样不合理,或缺乏代表性,抽查结果往往不能发现问题,甚至以偏概全,得出错误的审计结论。因此,这种方法仅适用于内部控制制度较健全、会计基础较好的企事业单位。

(三)审查审计书面资料所使用的技术方法

依据审查被审计单位书面资料所使用的技术划分,审计方法可分为核对法、审阅法、复算法和调整法。

1. 核对法

核对法是将会计记录及其相关资料中两处以上的同一数值或相关数据相互对照,用以验明内容是否一致、计算是否正确的审计方法,其目的是查明会计凭证、账簿、报表之间是否相符,以证实被审计单位的财务状况和经营成果是否真实、正确、合法。核对法是一种较为重要的审计方法,按照复式记账的原理核算的结果,资料之间会形成一种相互制约的关系,若被稽查单位的有关人员存在无意的工作差错或是故意的舞弊行为,都会使形成的制约关系失去平衡。因此,通过对相关资料之间的相互核对,就能发现可能存在的种种问题。核对法的主要内容包括:证证核对;账证核对;账账核对;账表核对;账实核对。

2. 审阅法

审阅法是对被审计单位的会计凭证、账簿和报表,以及经营决策、计划、预算、合同等文件和资料的内容详细阅读和审查,以检查经济业务是否合法、合规,经济资料是否真实、正确,是否符合会计准则的要求,从而获取审计证据的一种方法。其主要内容包括三点:第一,审阅原始凭证、记账凭证;第二,审阅经济资料的记录是否符合有关原理和原则;第三,审阅经济资料的记录有无异常情况。

3. 复算法

复算法是指注册会计师对会计凭证、账簿和报表以及预算、计划、分析等书面资料重新复核、验算,用来验证原计算结果是否正确的一种方法。复算的主要内容包括五点:第一,原始凭证中单价乘数量的积数以及小计、合计等;第二,记账凭证中的明细金额合计;第三,账簿中每页各栏金额的小计、合计、余额;第四,报表中有关项目的小计、合计、总计及其他计算;第五,预算、计划、分析中的有关数据。

4. 调整法

调整法是指根据审计结果更正查账中已经核实的错误或做假账项的一种检查方法。根据审计准则的规定,注册会计师对于被审计单位财务报表重大错报行为,应在查明事实真相之后，严格按照有关法规的要求，对有问题的报表项目进行调整。对于调整的结果，注册会计师通常在审计工作底稿中以会计分录的形式反映，这些分录被称为审计调整分录。

（四）证实审计客观事物的方法

注册会计师在审计工作中，除了需要审查书面资料外，还需要证明落实客观事物的形态、性质、存在地点、数量、价值等，以审核账目是否相符，有无错误和弊端。能实现这类目的的审计方法主要有盘点法、调节法和鉴定法。

1. 盘点法

盘点法是指注册会计师通过对各项财产物资的实地清点，检查实物的数量、品种、规格、金额等实际情况，借以证实经济资料和经济活动是否真实正确、经济资料与实物是否一致（账实是否相符）的一种审计技术。盘点法可分为直接盘点法和监督盘点法两种。

第一，直接盘点法是由注册会计师亲自到场盘点，以证实书面资料同有关的财产物资是否相符，这种方法一般对贵重财产，如稀有金属、珍宝、贵重文物和现金等盘点才采用，其他情况下由被审计单位自己盘点，单位领导和会计主管人员以及注册会计师签章即可。

第二，监督盘点法是指注册会计师亲临现场观察检查，由被审计单位自行组织盘存，必要时注册会计师可以进行抽查、复点，保证盘存的质量。这种方法一般用于数量较大的实物，如厂房、机器设备、材料、商品等。盘点法在应用过程中存在一个最大的缺点就是盘点的结果仅能证实资产的存在性，但证实不了资产的所有权和质量。

2. 调节法

调节法是以一定时点的数据为基础，结合因已经发生的正常业务而应增应减等因素，将其调节为所需要的数据，从而验证被查事项是否正确的一种方法。在审计过程中，若发现现成的数据和需要证实的数据在表面不一致时，为了证实数据的真实性，就要运用调节法。

3. 鉴定法

鉴定法是指审计过程中需邀请有关专业人员运用专门技术对书面资料、实物和经济活动进行确定和识别的方法，如对实物性能、质量、价值、书面资料的真伪以及经济活动的合理性、有效性等的鉴定，就超出了一般注册会计师的能力，而需要聘请一定数量的工程技术人员、律师等提供鉴定结论，并提供独立的审计证据。例如，在对珠宝公司的存货进行盘点时，为了鉴定其存货的真伪，注册会计师可以聘请珠宝鉴定师进行鉴定，并出具鉴定结论。但应该注意的是，虽然鉴定法是由注册会计师提请第三方实施的，注册会计师应当对其鉴定结论负责。

（五）审计调查方法

注册会计师在审计实施过程中除了审查书面资料和证实客观事物外，还需要对经济活动及其活动资料以内或以外的某些客观事实进行内查外调，以判断真相，或查找新的线索，这就需要注册会计师深入实际进行审计调查。注册会计师进行审计调查的方法包括观察法、查询法、函证法。

1. 观察法

观察法是指注册会计师亲临现场进行实地观察检查，借以查明事实真相，取得审计证据的一种调查方法。如注册会计师进入被审单位后，深入到车间、科室、工地、仓库等地，对于生产经营管理工作的进行、财产物资的保管和利用、内部控制制度的执行等，进行直接观察，注意其是否符合审计标准和书面资料的记载，从中发现薄弱环节和存在的问题，以收集书面资料以外的证据。但观察法存在的一个最大缺点就是仅仅能够取得观察时的证据，观察中或观察前后的状况可能不一致，这还需要注册会计师通过其他方法进一步实施审计。

2. 查询法

查询法是指注册会计师对审计过程中发现的疑点和问题，通过口头询问或质疑的方式弄清事实真相并取得口头或书面证据的一种调查方法。如对可疑账项或异常情况、内部控制制度、经济效益等的审查，都可以向有关人员提出口头或书面的询问。对一般问题，口头或书面询问均可；但对重要问题，则尽量采用书面询问并取得书面证据。查询法分为面询和函询两种情况，而函询即人们通常所指的函证法。

3. 函证法

函证法是指注册会计师为了获取影响财务报表或相关披露认定的项目的信息，通过直接来自第三方对有关信息及其现存状况的声明，获取和评价审计证据的过程。函证法有很强的核对性，在查证方面非常有效，是审计工作中必不可少的重要一环。

（六）审计分析方法

注册会计师在审计过程除了需要实施上面提及的针对特定事项的审计方法外，还需要对审计对象有一个总体的把握，以确定审计的重点和分析审计结论的合理性，这就是审计分析的方法。审计分析方法是通过对会计资料有关指标的观察、推理、分解和综合，以揭示其本质和了解其构成要素的相互关系的审计方法。审计分析的方法可分为比较分析法、比率分析法、账户分析法、趋势分析法、结构分析法和账龄分析法等。

1. 比较分析法

比较分析法是通过对被审计项目的实际与计划、本期与前期、本企业与同类企业的数额进行对比分析，检查有无异常情况和可疑问题，以便跟踪追查，寻找线索，取得审计证据的方法。运用比较分析法时，可以采用绝对数比较，也可采用相对数比较。

2. 比率分析法

比率分析法主要是结合其他有关信息，将同一报表内部或不同报表间的相关项目联系起来，通过计算比率，反映数据之间的关系，用以评价被审计单位的财务信息。例如，应收账款周转率反映赊销销售收入与应收账款平均余额间的比率，这一比率变小可能说明应收账款回收速度放慢，需要计提更多的坏账准备，也可能说明本期赊销销售收入与期末应收账款余额存在错报。当财务报表项目之间的关系稳定并可直接预测时，比率分析法最为适用。

3. 账户分析法

账户分析法就是根据账户对应关系的原理，对某些账户借贷方发生额及其对应账户进行对照分析，从中找出异常情况的分析方法。例如，将产品销售与"银行存款"和"应收账款"结合起来进行分析，一方面可以审核相关账户记录有无差错；另一方面可以深入了解产品销售情况和应收账款的情况，如有异常现象则应进一步采用其他方法进行审计。

4. 趋势分析法

趋势分析法主要是通过对比两期或连续数期的财务或非财务数据，确定其增减变动的方向、数额或幅度，以掌握有关数据的变动趋势或发现异常的变动，典型的趋势分析是将本期数据与上期数据进行比较。当被审计单位处于稳定经营环境下时，趋势分析法最适用；当被审计单位业务经营变化较大或会计政策变更较大时，趋势分析法就不再适用。

5. 结构分析法

结构分析法是指先计算财务报表各构成要素占有关总额（资产负债表项目指资产总额，利润表项目是指主营业务收入总额）的百分比，然后将其与以前年度的相关数据或其他相关数据进行比较。

6. 账龄分析法

账龄分析法是指按照有关账户的账龄（期限）的长短进行归类，以便为审查账面记录提供重点的一种分析方法。注册会计师通常对于被审计单位的往来款项，如应收账款、应付账款及预收账款、预付账款等利用此方法。

最后需要明确的是，实际工作中各种方法的使用不是孤立的、单一的，通常一项审计内容要运用多种审计方法，相互补充，相互促进，以求尽快查明经济活动和经济资料的正确性、真实性、合法性、合理性和有效性。

第五节 专项审计与跟踪调查方法研究

审计方式是指审计机关开展审计活动的形式和方法。研究审计方式的目的在于促进合理有效地使用各种审计资源，改进组织管理模式，不断提高审计质量、效率和效果。传统的审计方式一般以事后审计、就地审计和手工审计为主，而且往往是孤立和单一的。随着审计工作的不断创新和发展，现代审计在审计方式上逐步呈现出多样化，而且往往是多种审计方式有机融合在一起。

一、专项审计方法研究

专项审计调查作为一种重要审计方式，在中国审计机关得到普遍认同和广泛运用，取得了明显成效，也积累了有益经验。专项审计调查既是具有中国特色的一种独立审计业务类型，又是一种特定的审计方式，同时还是开展绩效审计的主要实现形式。

（一）专项审计的由来与组织形式

在1994年颁布的《中华人民共和国审计法》中规定了专项审计调查这项职责，这是总结中国审计实践经验和借鉴美国等国家绩效审计调查做法的结果。世界审计组织、国际会计师联合会以及美国等一些组织和国家，在其审计业务分类中没有专项审计调查这种业务类型，专项审计调查也不是一种普遍运用的工作方式。其他个别国家政府审计虽有开展审计调查活动的提法，但其内涵与中国审计机关开展的专项审计调查不尽相同。根据中国现有审计法律制度规定，专项审计调查是与审计并重的一种独立审计业务类型；同时，它也是一种有效的审计监督方式，即通过审计调查的手段来实现特定的审计目标。专项审计调查已经成为中国特有的审计业务类型和独特的审计方式。

这部《中华人民共和国审计法》明确了审计机关开展专项审计调查的法律地位，并赋予其特定的内涵和要求，该法从立法层面明确了审计机关开展专项审计调查的职责与权限，即审计机关有权对与国家财政收支有关的特定事项，向有关地方、部门、单位进行专项审计调查，并向本级人民政府和上一级审计机关报告审计调查结果。这一规定具有明显的局限性：第一，没有明确专项审计调查的程序和方法；第二，把专项审计调查的范围限定在"与国家财政收支有关的特定事项"内，与财务收支有关的事项被排除在外，使调查的范围过窄。

2001年中华人民共和国审计署颁布的《审计机关专项审计调查准则》中明确规定："本准则所称专项审计调查，是指审计机关主要通过审计方法，对与国家财政收支有关或者本级人民政府交办的特定事项，向有关地方、部门、单位进行的专门调查活动。"审计署的这一规定明确了专项审计调查可以运用审计的方法，但调查程序问题仍然没有解决；同时将专项审计调查的范围扩展为：与国家财政收支有关或者本级人民政府交办的特定事项。

2010年新修订的《中华人民共和国审计法实施条例》根据专项审计调查的实践需要，对《中华人民共和国审计法》关于专项审计调查职责规定进一步细化为：审计机关可以依照审计法和本条例规定的审计程序方法以及国家其他有关规定，对预算管理或者国有资产管理使用等与国家财政收支有关的特定事项，向有关地方、部门、单位进行专项审计调查。这一规定比较好地解决了专项审计调查立法上存在的局限性，有利于促进专项审计调查工作的健康发展。

综上所述，可以将专项审计调查的概念界定为：审计机关依照审计法律法规及国家有关规定，主要运用审计的相关程序和方法，对预算管理或者国有资产管理使用等与国家财政收支有关的特定事项，向有关地方、部门、单位进行的专门调查活动。

1. 专项审计的由来

作为中国一种特有的审计业务类型和特定的审计方式，专项审计调查是伴随着新中国审计监督制度的建立而产生，并随着中国审计事业的发展而不断丰富完善的。早在中国社会主义审计监督制度建立之初的1984年，审计机关就开始开展审计调查活动，可以说这是专项审计调查的雏形。随着审计工作的发展，审计调查活动在审计工作中的重要性越来越突出，为此，审计署开始专门进行部署，要求审计机关在一定范围内开展审计调查活动，提出审计建议，供政府及有关部门进行宏观决策和改进工作。审计署的这一部署、要求以及各地相继开展的丰富多彩的审计调查实践活动，为进一步形成和完善具有中国特色的专项审计调查制度发挥了积极的推动作用。

随着审计机关专项审计调查实践的不断深入，与专项审计调查有关的法律法规制度也相继建立和完善。1994年颁布的《中华人民共和国审计法》第二十七条第一次明确了专项审计调查的法律地位，使之成为中国审计机关的一项法定职责。为了更好地适应专项审计调查的发展需要，审计署随后还专门制定了有关专项审计调查方面的规范和准则，并在《审计署2003至2007年审计工作发展规划》中明确提出：实行审计与专项审计调并查并重，逐步提高专项审计调查的比重，争取到2007年，专项审计调查项目占整个项目的一半左右。

2. 专项审计的组织形式

审计机关在实际开展专项审计调查工作中，一般采取以下两种组织形式：

第一，单独开展专项审计调查。这种调查是根据特定的目的、范围和时间，对某一事项、某一系统、某一行业或某一问题中众多审计调查对象所进行的审计调查。它的主要特点是根据专项审计调查的目的和已掌握的线索、疑点，确定审计调查的对象和范围，并根据不同的对象和范围，采取不同的程序和方法进行审计调查；它不仅有特定的内容范围，即只涉及某一方面的问题，而且有特定的时间范围，即只要求在此时间范围内完成与审计调查事项有关的目标与任务。采用这种调查方式，可以使审计调查方向明确、目标集中、重点突出，便于针对问题实施追踪，发现深层次问题；可以适应领导了解情况，及时发现和纠正经济的、行政的以及政策法规执行方面存在的问题的要求。

第二，结合审计项目开展审计调查。即对审计项目所涉及的有关特定事项一并开展专项审计调查，并在此基础上进行综合分析和归纳，向政府及有关部门反映情况、问题和提出审计建议。审计机关结合审计项目开展专项审计调查，应当在审计结束后，将审计报告中反映的有关情况与调查结果一并汇总，形成专项审计调查报告。结合审计项目开展审计调查，不仅解决了重复进点的问题，即可以一次进点、完成两项或多项任务，而且可以通过共享数据与信息，提高审计和专项审计调查的质量、深度和效率。

（二）专项审计的调查特点

专项审计调查具有目标宏观、内容针对性强、范围广泛、程序方法灵活和反映情况及时等特点。

1. 目标宏观

审计和专项审计调查虽然都是审计机关发挥审计监督职能作用的重要方式，但二者的目标、侧重点都不同。相对而言，审计主要是针对各个具体的项目和单位，其目标主要是对被审计单位财政财务收支的真实性、合法性、效益性进行确认和评价，侧重于发现问题，纠正和处理存在的问题。而专项审计调查主要是针对经济社会发展和改革过程中带全局性、普遍性、倾向性、苗头性的特定事项进行系统调查了解和分析研究，向政府及有关部门反映情况、揭露问题，从体制、机制和制度层面分析原因，提出加强管理、完善法规制度的建议，为政府及有关部门决策提供依据，为国家宏观调控服务。因此，专项审计调查的目标更加宏观，更有利于发挥审计监督的建设性作用，能够在更高层次上发挥审计的宏观决策服务作用。

专项审计调查目标上的宏观性，要求在选题立项、调查取证以及分析问题、形成调查结论等方面都要强化宏观意识。在选题方面，要围绕党和政府工作中心，精心选题，重点选择那些对经济社会发展有较大影响、群众普遍关心、社会普遍关注的热点难点问题实施审计调查。在调查取证中，要从宏观的角度加以剖析，透过现象看本质，从中筛选出涉及经济社会发展全局的典型性问题作为调查取证的重点。在分析情况、形成调查结论的过程中，对收集到的各种材料要认真归纳分类，站在宏观角度进行系统分析，由表及里，从中发现典型经验和事关宏观经济发展的普遍性问题，并找出问题的原因和解决问题的办法。

2. 内容针对性强

审计的内容比较全面，要对被审计单位的财政财务收支及其有关经济活动进行全面审计和评价，对审计发现的财政财务收支方面的违法违规问题都要予以揭露和反映。而专项审计调查主要是围绕与预算管理或者国有资产管理使用等国家财政收支有关的特定事项来进行。所谓专项审计调查的"专项"，意味着调查内容更集中，即一次只调查特定时间范围内的特定事项。在专项审计调查的实际工作中，审计机关可以围绕领导关注的焦点、社会关注的热点和改革中的难点等问题，对不同地方、部门、单位就同一专题或事项进行广泛深入调查。与审计相比较，专项审计调查的内容更集中、更专一、更具体、更典型、更有针对性。

专项审计调查内容的针对性，要求必须科学合理选择调查题目。首先，要多方了解各种需求，充分占有各方面信息，选准选对调查的题目，防止面面俱到和贪大求全；其次，要明确调查的目标，突出调查的重点内容、重点环节和重点单位；最后，要集中审计资源，有的放矢，深度挖掘，深入分析，确保审计调查的深度。

3. 范围广泛

审计的范围主要针对某一特定单位或者项目，除必要时向其他单位和个人调查取证外，较少涉及被审计单位以外的单位和个人，因而对象范围比较窄，获取的情况和查实的问题较单一。而专项审计调查为了使其结果可信且具有说服力，其调查的范围必须有一定的数量和覆盖面。专项审计调查范围的广泛性，主要体现在调查对象和资料来源两方面。从调查对象上看，凡是与被调查事项有关的地方、部门、单位和个人都属于专项审计调查的范围。从资料来源上看，它既可以是财务会计数据，也可以是非财务会计数据，还可以是通过调查走访有关人员等方式收集到的与被调查事项有关的其他资料。

专项审计调查范围的广泛性，要求必须合理确定调查范围，保证调查结论的准确性。调查的面越广，所掌握的情况越接近实际，调查结果的准确性就越高，形成的调查结论也就越有说服力；反之，就可能使调查结论与事实产生误差，形成审计风险。但审计调查范围受审计机关人力、财力等因素的影响，不可能对所有与被调查事项有关的单位和个人进行全面调查，而只能根据实际情况，运用审计抽样理论从调查总体中选择一部分进行调查。因此，在确定审计调查范围时，必须坚持以下两个原则：

第一，在确定审计调查面时，如果调查成本允许，调查范围应尽可能大一些，使调查结果最大限度反映事物的全貌，以保证审计调查结论的准确性。

第二，在选择具体调查对象时突出重点，注重调查对象的代表性，为此，可以将所有与被调查事项有关的单位分成若干类，从每一类中选择若干有代表性的单位进行实质性调查，从中找到事物的内在联系和发现共性问题，形成准确度高、说服力强的审计调查结论。

4. 程序方法灵活性

专项审计调查将审计方法和调查方法有机结合起来，既可以通过审计掌握面上的总体情况，又可以通过调查了解掌握更多具体的情况；既可以是单独的专项审计调查，也可以是结合项目审计的审计调查；既可以通过审核被调查单位的会计、统计资料，也可以通过召开座谈会和走访有关单位、个人，以及向有关单位、个人发放审计调查表等方式来进行。

专项审计调查方法的灵活性，要求根据具体情况采用最适当的方法，以保证调查的高质量和低成本。一般来讲，要根据被调查事项在全局中的地位和影响范围以及调查的难易程度来确定调查的方法。对影响经济发展全局的事项要进行全面系统的详细调查，对其他事项则可以进行抽样调查；对具有代表性的被调查单位应采用实地调查，对其他被调查单位则可采用问卷式调查。

5. 反映情况及时

专项审计调查主要是为政府及有关部门宏观管理和决策提供依据，审计机关做出审计调查结论和提出审计调查建议的时效性尤为重要，即必须在政府及有关部门做出决策之前提出，否则就会错过时机，使专项审计调查失去应有的价值。增强专项审计调查的时效性，不仅有利于决策层及时了解掌握情况，采取措施，制止相关问题的蔓延，而且可以通过及时完善法律制度，从根本上解决问题。

为了使审计调查结果最大限度地为政府及有关部门决策所采用，应从以下两方面来保证审计调查的时效性：第一，审计调查的选题要有时代感和预见性。要根据社会经济发展的现状，分析和把握社会经济发展的总体趋势，紧紧围绕党和政府的工作中心，选择财政经济领域中存在的普遍性和苗头性问题开展专项审计调查。第二，提高工作效率。在调查取证、分析整理资料、做出审计调查结论、出具审计调查报告等环节都要提高工作效率，争取以最快的速度、用最短的时间，将审计调查结果及时向党委、政府等经济决策部门报告。

（三）专项审计的调查程序

专项审计的调查程序与审计程序总体上是一致的，但在具体流程和要求上与审计还是有一些区别的，主要表现在审计调查立项和审计调查结果两个方面：

1. 审计调查立项

专项审计调查能否取得成效，调查结果能否引起有关领导和决策者的重视，很大程度上取决于调查项目立项是否合理。因此，编制专项审计调查项目计划是开展审计调查的一个重要环节。审计调查项目的确定，应当遵循《中华人民共和国审计法》及其实施条例的规定，紧密围绕属于预算管理或者国有资产管理使用等与国家财政收支有关的特定事项来进行，同时这些事项应当是政府、社会都关心的焦点、热点和难点问题，或者是审计中已经发现的带有普遍性、倾向性、苗头性问题，而且审计机关对这些事项的调查能发挥宏观性、建设性作用，审计调查结果具有一定影响力。

国家审计准则对适合安排专项审计调查的项目提出了指导性意见，规定对于预算管理或者国有资产管理使用等与国家财政收支有关的特定事项，符合下列情形的，可以考虑进行专项审计调查：第一，涉及宏观性、普遍性、政策性或者体制、机制问题的；第二，事项跨行业、跨地区、跨单位的；第三，事项涉及大量非财务数据的；第四，其他适宜进行专项审计调查的。

2. 审计调查结果

专项审计调查现场工作结束后，调查组应抓紧汇总调查取证材料，适时召开审计调查情况汇报会议，交流调查情况，讨论调查中发现的主要问题，分析问题的原因，研究解决问题的建议与对策，起草、修改审计调查报告。专项审计调查报告除应符合一般审计报告的要素和内容要求外，还应当根据专项审计调查目标、重点，分析宏观性、普遍性、政策性或者体制、机制问题，并提出改进建议。对于专项审计调查发现的问题需要被调查单位整改的，还应当在专项审计调查报告中提出整改要求，明确整改期限，并要求被调查单位及时将整改情况书面报告审计机关。

审计调查组向审计机关提交专项审计调查报告之前，应征求被调查单位的意见，就报告中所列的问题和情况做进一步核实，必要时应对专项审计调查报告进行修改或补充，专项审计调查报告的复核、审理和审定、送达的具体程序和要求，按照规定，应比照审计报告的相应程序和要求办理。

审计调查组在专项审计调查中，对依法属于审计机关审计监督对象的部门、单位有违反国家规定的财政收支、财务收支行为或者其他违法违规行为的，应当按照规定的程序出具审计报告，及时报告审计机关，审计机关应依法做出相应的处理处罚，其中，对属于本机关法定职权范围的，可直接进行处理处罚；对不属本机关法定职权范围的，应移送相关部门和单位。

（四）专项审计调查中的注意事项

为了充分发挥专项审计调查的优势，避免混淆专项审计调查与审计，在开展专项审计调查过程中，应特别注意以下四个问题：

1. 专项审计调查目标的明确

审计机关开展专项审计调查时，必须确定审计调查的目标。专项审计调查的目标主要是调查了解有关地方、部门和单位财政财务收支所依据的特定政策、法律法规的执行情况，或者特定资金、项目的运作和行业状况，进而从体制、机制和制度层面进行分析，查找政策、制度和管理方面存在问题的原因，特别是深层次原因，提出审计调查意见和建议，为政府及有关部门加强宏观经济管理和完善决策提供信息支持。

2. 专项审计调查内容的合理确定

审计机关开展专项审计调查时，要根据调查目标确定调查的内容。一般而言，可以对下列事项进行专项审计调查：国家财经法律法规规章和政策执行情况，行业经济活动情况，有关资金的筹集分配使用情况，本级人民政府交办、上级审计机关统一组织或者授权以及本级审计机关确定的其他事项。

3. 专项审计调查对象范围的准确把握

第一，坚持按照《中华人民共和国审计法》确定的审计管辖范围开展审计调查。根据现行审计法律法规规定，专项审计调查的管辖范围与审计管辖范围完全一致，即按照被调查单位财政财务隶属关系或者国有资产监督管理关系划分管辖范围，不能因为专项审计调查涉及的地域广，部门、单位多，就不按管辖范围开展审计调查。

第二，开展专项审计调查涉及的主要被调查单位，原则上应当是依法属于审计机关审计监督对象的单位。在实际开展调查过程中，审计机关也可以向与被调查事项有关但不属于审计机关审计监督对象的其他单位和个人调查了解情况。

第三，合理把握审计调查的对象范围，在调查成本允许的情况下，尽可能扩大调查的范围；同时，也要注意突出重点，注重调查对象的典型性，以提高审计调查结论的说服力。

4. 必要审计资源的提供

相对于项目审计，专项审计调查对审计人员各方面要求更高，不仅要有审计查账的基本知识，更要具备与调查内容相适应的管理知识、专业知识；同时，要善于分析研究问题，提出有高度、有分量的审计意见和建议，要有一定的宏观意识、政策水平和写作能力。因此，审计机关开展专项审计调查时必须考虑审计资源的配备问题，要有足够的时间和人力、财力等审计资源做保证，并尽可能根据确定的专项审计调查目标和任务量，配备与之相适应的审计资源，确保提高工作效率，取得预期的审计调查效果。

二、审计跟踪调查方法研究

审计跟踪调查作为一种审计方式，最初主要是运用在政府投资审计领域，而后逐步扩展到其他审计领域。《审计署 2008 至 2012 年审计工作发展规划》和《审计署"十二五"审计工作发展规划》都明确提出，对关系国计民生的重大建设项目、特殊资源开发与环境保护事项、重大突发性公共事项、国家重大政策措施的执行，实行全过程跟踪审计。2008年以来，审计机关在许多领域积极探索开展审计跟踪调查，积累了有益经验，取得了明显成效，得到了社会各界的普遍好评。实践证明，审计跟踪调查不仅是开展绩效审计的有效形式，更是发挥审计"免疫系统"功能、促进和改善国家治理的重要途径。

（一）审计跟踪调查的特点及其具体形式

审计跟踪调查是跟随被审计事项同步进行的一种审计方式，判断是否属于跟踪审计，主要看审计是否跟随审计事项的发展过程来实施；因此，跟踪审计是指审计机关依据国家有关法律法规，在相关被审计事项发展过程中的某个环节介入，并跟随被审计事项的发展过程持续进行的一种动态监督活动。

1. 审计跟踪调查的特点

审计跟踪调查既有与审计的共性特征，又有自身鲜明的特点。审计跟踪调查是审计方式上的创新，要始终保持独立性，准确把握自己的定位，合理界定审计机关与被审计单位的责任，不参与被审计单位的业务活动和生产经营活动，以防范审计风险。跟踪审计的特点主要体现在以下四点：

第一，审计目标的预防性。跟踪审计不仅关注被审计事项的结果，更关注被审计事项发展过程，强调及时发现问题、及时提出整改意见，更注重预防，更注重发挥审计的"免疫系统"功能。跟踪审计的目标侧重于促进审计事项的顺利发展，保障"不出问题，少出问题，至少不出大问题"。

第二，审计介入的及时性。不同于在被审计事项结束后实施的审计（在时间上具有滞后性），审计跟踪调查介入时间早，关口前移，强调与被审计事项的发展同步，以至于贯穿被审计事项发展的全过程。

第三，审计过程的持续性。审计跟踪调查全过程介入被审计的事项，实行全过程监控，体现了审计过程的持续性，提高了审计监督的频率，形成了不同时点对同一事项的多次审计监督，审计的周期一般比较长，到现场的次数比较多，有的甚至常驻现场。

第四，审计内容的广泛性。审计跟踪调查是全方位的审计监督，除了审查财政财务收支的真实合法性之外，更加关注被审计事项的管理和绩效情况，审计的范围和内容更加广泛、全面。

2. 审计跟踪调查的具体形式

根据被审计事项的不同特点和审计资源状况，审计机关在开展审计跟踪调查过程中，可以选择采用定期跟踪、定点跟踪和驻场跟踪等不同的具体形式。其中，定期跟踪是指审计组将被审计事项的全过程划分为若干阶段，并对这些阶段定时或分期进行审计；定点跟踪是指审计组将被审计事项的工作划分为若干环节，并从中选择一些重点环节进行审计；驻场跟踪是指审计组常驻被审计单位现场，与被审计事项的发展同步进行审计。审计机关对拟采取跟踪审计方式实施的审计项目，应当在年度审计项目计划中列明跟踪审计的具体方式和要求。

（二）审计跟踪调查的定位与优势

1. 审计跟踪调查的定位

在明确了审计跟踪调查的概念、特点和形式的基础上，为了更加全面准确地理解跟踪审计，还必须深入分析和把握跟踪审计的定位。

首先，审计跟踪调查是一种审计方式。一般认为，中国审计机关的审计业务类型主要包括审计和专项审计调查，其中审计可以划分为财政财务收支审计和绩效审计。此外，经济责任审计是具有中国特色的审计业务。可以说，财政财务收支审计、绩效审计和经济责任审计都是一种独立的审计业务类型。而专项审计调查既是一种独立的审计业务类型，也是一种特有的审计方式。审计跟踪调查则不然，它仅仅是一种独特的审计方式，而不是一种独立的审计业务类型。审计跟踪调查这种审计方式的突出特点，是审计介入的时间。在被审计事项发展的过程中，审计的实施过程与被审计事项的发展过程同步。当然，财政财务收支审计、绩效审计和专项审计调查，与跟踪审计并不相互排斥，在实际工作中，它们都可以采用审计跟踪调查的方式。

其次，审计跟踪调查的基本功能仍然是独立监督。跟踪审计强调关口前移，介入时间早，介入范围广，介入程度深，体现了审计实施与被审计事项的发展同步，具有显著特点和明显的优势。在实施过程中，应保持审计的独立性，防止偏离监督者的定位，充当管理者的角色，导致审计职能的"越位"或者"错位"。例如，审计不应当对是否应该立项等管理决策事项发表意见；不应为被审计单位的具体业务事项提供咨询意见；不应帮助被审计单位编标、计量、做材料认质认价等，直接参与被审计单位的具体管理活动或生产经营活动，既充当监督者又充当管理者，混淆审计责任与管理责任。

最后，跟踪审计是发挥审计"免疫系统"功能的有效途径。发挥审计"免疫系统"功能是审计工作融入经济社会发展大局的必然要求。传统的审计有时难以及时发现问题，致使许多违法行为成为既定事实，造成的损失无法挽回，提出的审计意见或建议只能对未来起到借鉴或警示作用。跟踪审计由于介入时间早、介入范围和内容广、介入程度深、与被审计事项的发展同步，能够及时发现问题，查找出管理上的漏洞。跟踪审计的目标是把问题消灭在萌芽状态、解决在过程之中，使被审计单位和被审计事项不出问题或者少出问题，至少不出大的问题。跟踪审计更侧重于预防，更能体现审计的"免疫系统"功能。

2. 审计跟踪调查的优势

传统的审计方式主要是事后的静态审计，介入时间滞后，介入形式被动，虽然可以分清审计与被审计的责任，促进节约资金、提高效益，但对被审计事项发展的过程未跟踪，不能或难以及时发现问题，致使许多违法行为成为既定事实，造成的损失无法挽回，不利于从根本上研究解决问题。这是传统审计方式固有的局限性和不足。

跟踪审计强调关口前移，全程监控，可以把问题消灭在萌芽状态；在被审计事项进行中介入，可以及时掌握信息，发现管理的薄弱环节和存在的问题，提出有针对性的建议；跟踪审计介入内容全面，这种全方位的审计监督，拓展了审计思路，拓宽了审计领域，深化了审计内容，可以有效发挥审计的"免疫系统"功能。因此，跟踪审计是现代审计的一种新方式，是传统审计方式的发展与完善，实现了从静态的被动审计向全过程动态审计的转变。

跟踪审计在实践中也遇到了挑战，主要是：在开展跟踪审计的实际工作中，有时容易出现审计责任与被审计单位的管理责任难以区分的情况；实施的时间一般比较长，工作量比较大，审计成本比较高；对审计技术方法的要求更高，现有审计人员的素质有的难以适应；在聘请社会中介机构和相关专业人员比较多的情况下，加大了对这些机构和人员在保密和廉政等方面管理的难度和审计风险；对审计成果和审计人员业绩考核评价提出了新的要求。

（三）审计跟踪调查的程序

与一般性审计项目相比，跟踪审计在程序上具有一定的特殊性，主要表现在以下五个方面：

1. 审计跟踪调查的审计立项

确立跟踪审计项目，除上级交办的以外，通常要同时考虑以下三个方面因素：

第一，是否需要采用跟踪审计的方式。从理论上讲，所有的审计项目都可以采用跟踪审计的方式，但由于种种原因，在实际工作中并不是对所有审计项目都需要开展跟踪审计。对那些需要而且可以进行跟踪审计的事项才可立项。

第二，是否能产生预期的效益。对那些能够产生经济效益和社会效益、宏观效益和微观效益的事项才可立项。

第三，是否能控制审计风险。对那些审计风险能够得到有效控制、审计质量有保证的事项才可立项。

对于采取跟踪审计方式实施审计的跨年度项目，在第一年立项的以后年度，应作为"续审"项目列入相应年度的审计项目计划。

2. 审计跟踪调查的审计方案

审计机关统一组织的由多个审计组共同实施的某一跟踪审计项目，或者分别实施的同一类跟踪审计项目，应当编制该项目或者该类项目的审计工作方案，再由相关审计组据此制订跟踪审计实施方案。跨年度或者多次实施的跟踪审计项目，审计机关和相关审计组应在审计起始年度或者首次实施审计时，制订审计工作方案和审计实施方案，对跟踪审计项目全过程做出统一和全面安排，在后续各年度或者以后各次审计时，另行制订年度或各次审计工作方案和审计实施方案。

审计机关在编制审计方案前,应当详细调查被审计单位和被审计事项的整体情况,分析研究从调查中得到的有关资料,合理确定审计目标、内容和重点。被审计单位的整体情况,一般包括财政财务隶属关系、被审计单位的基本职责和业务范围、被审计单位的主要业务活动和内部控制情况、被审计单位的专业特点等。被审计事项的整体情况,除了包括相关政策背景和目标外,重点是资金的来源、规模及其管理运作程序等。

后续各年度或者第二次以后的各次审计,要注意与已经开展的审计相衔接,包括保持审计人员的相对稳定,防止人员过多或者过于频繁地更换;充分利用已经开展的审计所掌握的情况及审计资料,防止审计前后脱节,更不能无根据地使审计认定等前后矛盾;把此前审计的整改情况纳入本次跟踪审计的重要内容,予以督促落实和检查核实。跟踪审计工作方案和审计实施方案的编制、审批程序、内容重点和工作要求等,与一般的审计无明显的区别。

3. 审计跟踪调查的审计通知

根据审计跟踪调查实施次数多、时间跨度长的特点,审计机关可以在审计跟踪调查起始年度或者第一次审计时,一次性制发审计通知书,并在其中列明审计跟踪调查的具体方式和要求,明确以后审计跟踪调查的大体频率和期限等,后续各年度或者第二次以后各次审计时不再另行制发审计通知书,也可以视需要每次审计制发审计通知书。

4. 审计跟踪调查的审计结果

审计跟踪调查实施阶段,审计机关可以通过"审计情况通报"的形式,及时向被审计单位及其主管部门通报跟踪审计情况、审计发现的问题,并有针对性地提出跟踪审计的意见和建议,要求其举一反三进行整改。为简化操作程序、提高工作效率,经审计机关授权,也可以直接以审计组名义向被审计单位发出审计情况通报。为了防范审计风险,确保审计质量,根据具体情况,审计情况通报稿应当履行定的审计复核、审理和审定等程序经复核、审理和审定后的审计情况通报,应按规定及时送达被审计单位据此进行整改,并了解掌握被审计单位的整改情况及结果。

审计机关除了在审计实施过程中通过审计情况通报形式及时提出审计意见和建议外,应当在审计跟踪调查全部结束后出具一份完整的审计报告,全面系统地反映整个跟踪审计的基本情况、审计发现的主要问题、审计意见与建议以及被审计单位的整改情况。审计发现的主要问题包括已经整改的重要问题和尚未整改的问题。

跨年度的跟踪审计项目,审计组应在每一年度后向审计机关提交该年度审计报告。年度审计报告一般包括当年跟踪审计的基本情况、审计发现的问题、审计意见与建议以及被审计单位的整改情况。各年度审计报告和审计全部结束后的完整的审计报告,都应当按照审计法律法规和审计准则的规定,严格履行向被审计单位书面征求意见,审计机关复核、审理和审定等相应的程序。

5. 审计跟踪调查的审计归档与公告

审计机关应当要求审计组指定专人按规定进行审计立卷归档。跨年度的跟踪审计项目，审计组可以指定专人负责年度跟踪审计档案材料的收集、整理和保存，也可以待整个跟踪审计项目结束后将其作为一个完整的审计项目进行立卷归档。

审计机关应当按照"边审计、边公告，谁审计、谁公告"的原则，分别在跟踪审计过程中、年度跟踪审计后以及整个跟踪审计项目完成以后，按照审计机关公告审计结果的原则和程序要求公告跟踪审计的结果。其中，审计机关统一组织不同级次审计机关参加的审计项目，其跟踪审计结果原则上由负责该项目组织工作的审计机关统一对外公布。

（四）审计跟踪调查的类型

审计跟踪调查按照被审计事项的内容不同，可分为项目跟踪审计、资金跟踪审计和政策跟踪审计三种主要类型。项目跟踪审计是以投资项目、资源环境开发项目等为主要审计内容，如奥运场馆审计、三峡工程审计等；专项资金跟踪审计是以财政或者其他各类专项资金为主要审计内容，如农业综合开发资金审计、社保资金审计等；政策跟踪审计是以相关政策贯彻执行为主要审计内容，如中央扩内需促发展政策措施执行情况及其效果的审计等。

在实际审计工作中，对项目、资金、政策有时很难严格区分。审计跟踪调查的一个审计事项往往同时涉及项目、资金、政策三方面内容。如专项资金的审计跟踪调查一般以资金筹集、分配、管理和使用等为主要审计内容，但为了深化专项资金审计，需要对专项资金所涉及的有关项目，或者需要对专项资金的相关政策执行情况进行审计。因此，审计人员应当合理把握项目、资金和政策者之间的关系，根据实际需要确定审计内容和重点。

在开展项目跟踪审计时，审计重点应当是项目的立项、建设以及效果等。同时，也可进行资金管理使用情况的审计，但这种审计应当在关注项目建设的背景下进行。在开展专项资金跟踪审计时，审计重点应当是资金的筹集、分配、使用以及绩效等。同时，为了印证专项资金的使用情况，也可选择部分相关项目进行审计，但这种审计应放在整个资金使用过程中进行。在开展政策跟踪审计时，审计重点应当是政策的执行和效果，以及政策配套措施的制定、执行和效果等。同时，也可根据需要对与政策相关的项目和资金进行审计，但这种审计只是为了印证政策的执行及其效果情况。

第六节 盘点调节与函证审计方法研究

一、盘点调节法

(一)盘点调节法的类别

1. 盘点法

盘点法是运用盘存技术,一般要经过三个步骤:盘点前的准备工作、实地盘点和盘点结果的确定。

(1) 盘点前的准备工作。盘点前的准备工作一般都较烦琐,涉及的方面较多,为了保证盘点工作质量,在盘点前必须做好的工作具体包括六点:第一,确定需要盘点的财物并予以封存;第二,调查了解有关财物的收发保管制度,并对各项制度功能的发挥情况做出评估,找出控制薄弱环节,明确盘查重点;第三,确定参加盘点的人员,盘点人员应视被审计单位的具体情况而定,但至少要有两名注册会计师、一名财务负责人和一名实物保管人,同时还应有必要的工作人员;第四,结出盘点日的账面应存数,即通过审阅、复核、核对,将账面记录计算错误予以消除;第五,准备记录表格,检查度量器具,以防弄虚作假和盘点结果失真;第六,选择恰当的盘点时间,一般以不影响被审计单位的正常工作进行为好。

(2) 实地盘点。盘点前的准备工作就绪后,应由盘点小组进行实物盘点。对一般的财物种类,注册会计师应在现场监督,看工作人员是否办理了应该办理的手续,同时注意观察有关物品质量。对于特别重要的财物,注册会计师除了监督、观察外,还应进行抽点和复点。盘点完毕,应将盘点所获的实际情况如实填写至事前准备好的表格上。在监盘过程中应注意以下三点:

第一,制订监督盘点计划。注册会计师应当根据被审计单位实物资产的特点、业务流程、被审计单位自己的实物资产盘点制度等情况,在审阅评价被审计单位提出的实物资产盘点计划的基础上,编制监督盘点计划。监督盘点计划的主要内容包括:监督盘点的目标、范围及时间安排,监督盘点要点及注意事项,监督参加盘点人员及其分工等。

第二,认真进行盘点。实地监督盘点时,应观察被审计单位盘点人员是否遵守盘点计划并准确记录实物资产的数量和状况;观察实物资产的移动情况,防止遗漏或重复盘点;观察盘点人员是否已经恰当区分所有损毁、陈旧、变质及残次的存货和合格的存货。在被审计单位实物资产盘点结束前,注册会计师要再次观察盘点现场,以确定所有应纳入盘点范围的实物资产均已被盘点。同时，取得并检查已填用、作废或未使用的盘点表单，确定已发放的表单均已收回。

第三，对特殊情况实施替代程序。由于被审计单位实物资产的变化或存放场所等原因导致无法实施盘点，注册会计师应当考虑能否实施替代审计程序。注册会计师实施的替代审计程序主要有：检查进货交易凭证或生产记录以及其他相关资料，检查资产负债表日后发生的销货交易凭证，向有关单位发函进行函证。对被审计单位委托其他单位保管的或已经作为抵押的实物资产，注册会计师应向保管人或债权人进行函证。如果此类实物资产占流动资产或总资产的比例较大，注册会计师应当考虑实施现场监盘。

（3）确定盘点结果。第一，盘点结果的调整。在盘点结果确认以后，应认真填写盘点表，并要求所有在场人员（尤其是实物保管人员、财务负责人、注册会计师）在盘点表上签字，以明确责任。获取盘点日前后的实物资产收发和移动凭证，检查库存记录与财务报表截止日是否正确。如果盘点日与结账日不一致，应运用调节法进行调整。

第二，将调整结果与账面记录进行核对。通过计算确定的盘点结果，应与账面记录进行核对，确定账实是否相符，以及不符时的差异。由于影响账实不符的原因是多方面的，一旦发现账实不符，不能轻易下结论，而应分析具体原因，并在判断推理的基础上，运用其他有关方法进行进一步审查，以彻底核实可能存在的问题。

第三，对盘点结果进行抽查。注册会计师对盘点结果的抽查从两方面进行：一方面，从盘点记录中选取项目追查至实物资产，测试盘点记录的准确性；另一方面，从实物资产中选出部分项目追查至盘点记录，测试盘点记录的完整性。如果抽查时发现差异，注册会计师应当查明原因，要求被审计单位更正。如果差异较大，注册会计师应扩大抽查范围或要求被审计单位重新盘点。

2. 调节法

调节法主要适用于将库存现金和存货等资产盘点日的数额调节成资产负债表日的数额（也适用于将银行对账单金额和银行存款日记账金额调节后进行对比），以便同被审计单位资产负债表日资产负债表上列示的数据进行对比，以确定被审计单位资产负债表日的列示是否正确的审计方法。调节法在应用过程中主要用到以下四个方面的数据：

第一，资产负债表日数额。该数额根据被审计单位提供的被审计年度的财务报表分析确认，是资产负债表日被审计单位列示在资产负债表上的数额，也是需要注册会计师验证正确与否的数额。

第二，盘点日账面数额。该数额是被审计单位对需要调节的对象提供的明细账上的数额，如果截止盘点日还存在未入账的事项，需将未入账的事项事先登记入账。由于盘点日与资产负债表日通常不是同一天，该数额通常与资产负债表日的数额不一致。

第三，盘点日实有数额。这是注册会计师根据实际盘点结果确认的数额，也是确定盘点日账面数额是否正确的对比标准。如果注册会计师实际盘点的数额与被审计单位提供的账面数额存在差异，则一方面需要将账面数额调整为盘点数额；另一方面需要找出差异的原因，并对该差异进行分析、调整。

第四，将盘点日的数额调整成资产负债表日的数额。因为注册会计师是对被审计单位资产负债表日的财务状况发表审计意见，而不是对盘点日的财务状况发表审计意见，所以注册会计师需要将盘点日经确认的数额（盘点日的实有数额）调节成资产负债表日的数额。

具体的调节方法为：首先，当结账日先于盘点日时，其调整公式为：结账日实存数=盘点日实存数+结账日至盘点日发出数-结账日至盘点日收入数；其次，当盘点日先于结账日时，其调整公式为：结账日实存数=盘点日实存数+盘点日至结账日收入数-盘点日至结账日发出数。这两个公式中用作调节的收入数和发出数，必须经过审核，只有正确无误，才能用来调整。

（二）库存现金的盘点调节

盘点库存现金是证实资产负债表中"货币资金"项目下所列的库存现金是否存在的一项重要审计程序，也是财务报表审计中必须执行的审计程序之一。

库存现金盘点的实施分为以下六点：

第一，盘点的范围：企业盘点的库存现金一般应包括各部门经管的现金，如对已收到但未存入银行的现金、零用金、找换金等。

第二，盘点的主体：盘点库存现金的时间和人员应视被审计单位的具体情况而定，但必须有出纳员和被审计单位会计主管人员参加，并由注册会计师进行监盘。

第三，盘点的方式：对库存现金的监盘实施突击性检查。

第四，盘点的时间：对库存现金的监盘时间最好选择在上午上班前或下午下班时进行。

第五，监盘过程：在进行现金盘点前，应由出纳员将现金集中起来存入保险柜，必要时可加以封存，然后由出纳员把已办妥现金收付手续的收付款凭证登入库存现金日记账。如被审计单位库存现金存放部门有两处或两处以上的，应同时进行盘点。审阅库存现金日记账并同时与现金收付凭证相核对。一方面检查库存现金日记账的记录与凭证的内容是否相符；另一方面了解凭证日期与库存现金日记账日期是否相符或接近。由出纳员根据库存现金日记账加计累计数额，结出现金结余额。

第六，盘点保险柜的现金实存数，同时由注册会计师编制"库存现金监盘表"，分币种、面值列示盘点金额。将盘点金额与库存现金日记账余额进行核对，如有差异，应要求被审计单位查明原因并做适当调整，如无法查明原因，应要求被审计单位按管理权限批准后做出调整。若有冲抵库存现金的借条、未提现支票、未做报销的原始凭证，应在"库存现金监盘表"中注明或做必要的调整。

（三）存货与银行存款余额的盘点调节

1. 存货的盘点调节

存货监盘是注册会计师对存货进行审查的核心程序，除非出现无法实施存货监盘的特殊情况，注册会计师应当实施必要的替代审计程序，在绝大多数情况下都必须亲自观察存货盘点过程，实施存货监盘程序。

2. 银行存款余额的盘点调节

单位的银行存款日记账每日终了时应结出余额，月末应结出本月收入、付出的合计数和月末余额，并与银行对账单相核对。如果发现两者余额不一致，除了单位或银行记账差错外，还可能存在未达账项，这就需要编制银行存款余额调节表，以确定单位银行存款的实际余额。注册会计师在审查或编制银行存款余额调节表时应注意以下两方面问题：

第一，因为企业编制银行存款余额调节表的主要目的是为了检查除了未达账项之外，还有无记账错误，所以在编制银行存款余额调节表的过程中不考虑记账错误；而注册会计师编制银行存款余额调节表的目的是为了证实银行存款余额在资产负债表上的列示是否正确，所以在编制银行存款余额调节表时，除了需要考虑未达账项，还需要考虑在审计过程中已发现的记账错误，以此推断是否还存在未发现的记账错误。这也是企业编制的银行存款余额调节表和注册会计师编制的银行存款余额调节表的差异所在。

第二，由于未达账项的存在，期末企业银行存款日记账的余额通常与列示在资产负债表上的金额存在差异。企业登记银行存款日记账必须有合法的原始凭证，但未达账项恰恰是由于合法的原始凭证不存在所以无法登记入账；而企业列示在资产负债表上的银行存款金额代表企业在期末拥有的可以控制和支配的银行存款的状况，所以只要银行和企业一方存在合法的证据能够证明企业可以控制或失去这种资源即可，时间因素不是主因。因此，企业列示在资产负债表上的银行存款金额应是审核无误的银行对账单经过对未达账项调整后的金额；应列示在银行存款日记账上的金额应是企业资产负债表日已列示在银行存款日记账上的金额经过对记账错误事项调整后的金额。

二、函证审计法

（一）函证审计法的应用要点

1. 函证审计对象的选择

函证作为认证被审计单位债权债务的必要手段，主要用于验证被审计单位应收、应付款项的发生额和余额，也用于验证被审计单位委托外单位保管的财物、含混不清的外来凭证、某些购销业务、存款借款的各种余额、实物资产的归属以及未决法律诉讼案件等。

函证法的取证事项主要包括银行存款、应收账款、应收票据、短期投资、代销代存资产、应付账款、应付票据、财产担保、财产抵押、租赁资产、长期投资、债权和股票、重大或异常的交易等。作为函证的重点对象有六点：第一，金额较大的项目；第二，账龄较长的项目；第三，交易频繁但期末余额较小的项目；第四，重大关联方交易；第五，重大或异常交易；第六，可能存在争议或错误的交易。

2. 函证审计方式的选择

函证按照要求对方回答方式的不同，可分为积极式函证和消极式函证两种，以下主要围绕积极式函证展开论述。

积极式函证（又称为肯定式函证）要求被询证单位对询证事项无论其与实际情况是否相符都给予复函，以确认询证函所列示的信息是否正确，或填列询证函要求的信息。积极式函证又分为以下两种：

第一，在询证函中列明拟函证的账户余额或其他信息，要求被询证者确认所函证的款项是否正确。通常认为这种询证函的回复能够提供可靠的审计证据。但是，其缺点是被询证者可能对所列示信息根本不加以验证就予以回函确认。

第二，注册会计师在询证函中不列明账户余额或其他信息，而要求被询证者填写有关信息或提供进一步信息。由于这种询证函要求被询证者做出更多努力，可能会导致回函率降低，进而导致注册会计师执行更多的替代程序。

在采用积极式询证方式时，只有注册会计师收到回函，才能为财务报表认定提供审计证据。注册会计师没有收到回函，可能是由于被询证者根本不存在，或是由于被询证者没有收到询证函，无法证明所函证信息是否正确。积极式函证的手续较为麻烦，主要用于长期拖欠、金额较大、余额长期不变、引起注册会计师怀疑的审计事项。

3. 函证审计时间的选择

注册会计师通常以资产负债表日为截止日，在资产负债表日后适当时间内实施函证。若重大错报风险评估为低水平，注册会计师可选择资产负债表日前适当日期为截止日实施函证，并对所函证项目自该截止日起至资产负债表日止发生的变动实施实质性程序。

4. 询证函的寄发与收回

注册会计师进行函证时，需要向函询对象发送询证函。询证函一般采用统一格式，主要包括：收件人、函证目的说明、需对方确认的事项、回函的要求等。在询证函的寄发及收回过程中，注册会计师应当对选择被询证者、设计询证函以及发出和收回询证函保持控制。出于掩盖舞弊的目的，被审计单位可能想方设法拦截或更改询证函及回函的内容。如果注册会计师对函证程序控制不严，就可能会给被审计单位以可乘之机，导致函证结果发生偏差和函证程序失效。因此，在询证函的寄发及收回过程中应注意以下三点：

第一，询证函一般由注册会计师以被审计单位的身份编制，由注册会计师以能证明信件已经邮寄的方式（如挂号信、特快专递等）寄发，并要求收件人直接将回函寄回给注册会计师而不是被审计单位，以保证回函的可靠性。

第二，被询证者以传真、电子邮件等方式回函的，应要求被询证者寄回询证函原件。

第三，若采用积极式的函证方式实施函证而未收到回函时，注册会计师应当考虑与被询证者联系，要求对方做出回应或再次寄发询证函。若未能得到被询证者的回应，注册会计师应当实施替代审计程序。所实施的替代审计程序因所涉及的账户和认定而异，但替代审计程序应当能够提供实施函证所能提供的同样效果的审计证据。

5. 函证审计结果的评价

除了前面提及的在采取积极式函证而被审计单位未回函的情况下，注册会计师应当实施替代审计程序外，对于被询证单位回函的情况，结果无非有以下两种：

第一，回函结果与询证金额相符，这是注册会计师最期望得到的结果。在这种情况下，注册会计师可以立即确认该金额的正确性，并且可以合理地推论，全部应收账款总体是正确的。

第二，回函结果与询证金额不相符。在这种情况下，注册会计师应当调查不符事项，以确定是否表明存在错报，某些不符事项并不表明存在错报。比如注册会计师可能认为询证函回函的差异是由于函证程序的时间安排、计量或书写错误造成的。此外，注册会计师还应当估算应收账款总额中可能出现的累计差错是多少，估算未被选中进行函证的应收账款的累计差错是多少。为取得对应收账款累计差错更加准确的估计，也可以进一步扩大函证范围。

（二）函证银行存款余额

函证银行存款余额是证实资产负债表所列银行存款是否存在的重要程序。通过向往来银行函证，注册会计师不仅可了解企业资产的存在，还可了解企业账面反映所欠银行债务的情况，并有助于发现企业未入账的银行借款或未披露的或有负债。

（1）函证目的。银行存款函证的目的是为了证实资产负债表中所列银行存款是否存在，了解企业欠银行的债务和企业未登记的银行借款以及未披露的或有负债。

（2）函证对象。注册会计师应向被审计单位本年存过款（含外埠存款、银行本票存款、银行汇票存款、信用卡存款、信用保证金存款）的所有银行发函，其中包括企业存款已结清的银行，包括银行存款为零和已经结清的账户，因为有可能存款账户已结清，但仍有银行借款或其他形式的负债。但在实际工作中，注册会计师考虑到审计的时间要求和成本，如果被审计单位内部控制健全、银行对账单齐全，可选择重点银行进行函证。

(3)函证方式。在银行存款函证中,注册会计师应采用积极式函证的方式,不能采取消极式函证方式。

(三)应收账款函证的实施程序

应收账款函证是直接发函给被审计单位的债务人,要求核实被审计单位应收账款的记录是否正确的一种审计方法。除非有充分证据表明应收账款对财务报表不重要或函证很可能无效,否则,应对应收账款进行函证,即一般情况下,应收账款的函证程序是必须实施的,除非有两种情况出现:第一,根据审计重要性原则,有充分证据表明应收账款对财务报表不重要;第二,注册会计师认为函证很可能无效。如果注册会计师认为被询证者很可能不回函或即使回函也不可信,可不对应收账款实施函证。注册会计师可能基于以前年度的审计经验或者类似工作经验,认为某被询证者的回函率很低或判断回函不可靠,并得出函证很可能无效的结论。如果不对应收账款函证,注册会计师应当在工作底稿中说明理由,并实施替代审计程序。

(1)函证的目的。函证的目的是为了证实应收账款余额的真实性、正确性,防止或发现被审计单位及有关人员在销货过程中发生差错或弄虚作假的行为。

(2)函证对象。注册会计师一般应选择下列项目作为函证对象:大额或账龄较长的项目、与债务人发生纠纷的项目、重大管理方项目、主要客户(包括关系密切客户)项目、交易频繁但期末余额较小甚至期末余额为零的项目、可能产生重大错误的非正常项目。

(3)函证方式。积极式函证和消极式函证两种方式相比,积极式函证通常比消极式函证提供的审计证据可靠。但在审计实务中,注册会计师常常两种方式结合使用:对于少量余额较大的应收款,采用积极的函证方式;对于大量小额的应收款,则采用消极的函证方式。

(4)对函证不符事项实施替代审计程序。应收账款函证结果与被审计单位会计记录不一致的主要原因有:第一,被审计单位与债务人入账时间可能不一致;第二,被审计单位与债务人一方或双方存在记账错误;第三,被审计单位可能存在弄虚作假或舞弊的行为;第四,实施替代审计程序。

若会计师事务所一直没有收到被询证公司的回函,注册会计师可以实施以下四个替代审计程序:

第一,如果该应收账款对方已经归还,注册会计师可以通过检查银行未达账项和结账日后一段时间的库存现金和银行存款日记账,查看款项是否已经收回,并复核检查收回的金额与期末应收账款余额是否一致,进而发现有无收回款项而不入账或故意、低估应收账款的行为。

第二,如果被询证公司发生重大财务困难或已破产清算,则该项应收账款发生坏账损失。注册会计师可以通过走访工商、税务或财政、被询证单位开户银行等单位，了解被询证公司的准确地址和财务、银行信用等情况，确定应收账款收回的可能性。

第三，如果被审计单位编造应收账款发生额，该项应收账款根本不存在，注册会计师可通过检查销售合同、发票、发货单等资料来了解应收账款发生时的情况，并通过查询当事人，查明有关债权业务是否真实发生过。

第四，如果询证函在邮寄过程中丢失，注册会计师可一方面通过检查销售合同、发票等验证应收账款的发生情况；另一方面通过审阅银行账款日记账、库存现金日记账确认应收账款是否收回，或者查询当事人，掌握真实情况。

第五章　基础理论视角下的审计信息化研究

第一节　我国审计信息化的起源发展分析

信息化是将传感、通信、计算机、控制等信息技术手段应用于某一领域，全面改造业务流程，建立并完善新的生产方式，提高经营管理能力和水平的转变过程；也是指信息技术被高度利用，信息资源被高度共享，传统经济被信息技术适度改造，社会结构被信息技术合理重塑的状态。审计信息化是通过一个转变过程，使审计工作最大限度处于体现信息技术、运用信息技术的状态。在信息化飞速发展的时代，必须加强审计信息化建设，积极探索在审计实践中运用大数据技术的途径，加大数据综合利用力度，提高运用信息化技术查核问题、评价判断、宏观分析的能力，才能更加有效地发挥审计作用。

20世纪90年代末，随着信息技术的迅猛发展，计算机技术在各行各业的运用越来越广泛，使得以审查会计账册和相关经济活动资料为主要方式的审计职业遇到了前所未有的挑战。不掌握计算机技术，就无法打开账本，更难以开展审计工作。1998年，中华人民共和国审计署开始筹划审计信息化建设，1999年底正式向国务院提出建设审计信息化系统的请示。至此，我国审计信息化建设开始逐步推进。

中华人民共和国审计署在给国务院的《报清审批审计信息化系统建设规划的请示》中，确定了审计信息化系统（简称"金审"工程）建设的目标，即适应国民经济管理信息化和会计信息电子化发展的要求，采用计算机、数据库、网络等现代信息技术，改进传统的审计方式和手段，实现审计工作信息化，不断扩大审计覆盖面，规范审计行为，促进提高审计工作效率和质量，降低审计风险，更好地履行审计监督职责。根据国务院批复，进一步明确了"总体规划、统一设计、整体推进、分步实施、推广应用、加强指导、勤俭节约、严谨细致"的建设思路。

经过多年的建设和应用实践，基本确立了以"六个一"为标志的国家审计信息化总体框架，即一套满足审计业务和审计管理需要的应用系统、一批支持审计业务和审计管理需要的数据资源、一套实现上下互联和信息共享的网络系统、一套维持信息安全保密和系统运行的保障系统、一套保障系统维护和应用推广的服务系统、一支适应信息化实战需要的审计队伍。"金审"工程一期、二期的建成对改善审计信息化内外部环境发挥了决定性作用。

一、研发并推广三大审计应用系统

中华人民共和国审计署统一研发的以审计管理系统（OA）、现场审计实施系统（AO）、联网审计系统为主体的三大审计应用系统的推广应用，实现了审计信息化、数字化的有效提升。OA系统在全国省级以上审计机关得到部署应用，地、县级审计机关分别有86%和75%部署应用；AO系统几乎在所有审计中都得到应用，基本终结了审计人员打不开电子账本的历史；联网审计系统的适用性不断增强，通过匹配预算执行、税收、投资、社保等行业的计算机审计方法，形成了多个联网审计系统基础版。

OA系统和AO系统的建设情况包括："金审"工程一期项目重点规划和建设了OA系统、AO系统、中华人民共和国审计署与地方各级审计机关的广域互联、计算机审计培训和运行维护服务体系等内容。

二、建立覆盖全国的审计信息网络

审计机关用于审计管理、日常办公的局域网建设始于20世纪90年代后期。目前，国家、省、地市、县区四级审计机关之间建立的非涉密四级互联审计网络，成为审计业务的协同管理和数据共享的主要通道，涉密审计内网也实现了中华人民共和国审计署与特派办、派出局以及37个省级审计机关的连接。从传输角度衡量，上级审计机关传达精神、部署工作的行政公文，可以在一个工作日内传递至县级审计机关；下级审计人员汇报情况、请示工作的公文亦可迅速上报。

中华人民共和国审计署及其各特派办使用的安全客户端系统，则实现了在异地利用互联网资源登录局域网办公。省级以上审计机关建立的涉密网，有效地保守了国家秘密信息。各级审计机关建立的互联网接入网，保证了审计人员充分利用互联网资源；所建立的门户网站，及时向社会公告审计结果，宣传审计工作，接受公众的投诉和举报。网络及通信技术在审计机关的普遍应用，推动了审计效率的提高。

三、初步形成计算机审计与信息化管理人才体系

在审计信息化建设过程中，应用是关键，人才是保障。审计机关牢固树立全员参与的理念，高度重视培养计算机审计人才和信息管理人才，投入了大量的人力、物力、财力，取得了较好效果。在信息化培训方面，坚持入门型培训与提高型培训相结合、计算机专业技术与审计业务培训相结合、普及型培训与特定方向培训相结合，构建多层次、分梯度、有重点的培训体系，初步形成了计算审计人才与信息化管理人才相结合、高端研发人才与

中低端应用人才互为补充的审计信息化人才体系。

审计机关依托信息化技术，靠科技强审，以人才兴审，极大地提升了审计监督能力、过程控制能力、决策支撑能力和机关事务管理能力。广大审计人员以计算机审计软件应用为主要形式，在应用中积累，在实践中创新，提高了利用信息化技术查核问题、综合分析、评价判断的能力。

四、积累丰富的审计数据信息资源

审计机关的数据库应用是从财经审计法规检索做起的，随后在办公自动化软件的使用过程中逐步积累公文资料。随着审计软件的应用和联网审计的发展，被审计单位的数据资源利用进入新的阶段。为实现数据标准化，中华人民共和国审计署编制了会计核算软件数据接口国家标准，会计软件数据输出的格式实现标准化，开放了数据交换的通道，消除了审计数据获取的问题；编制了专业领域审计数据规划，按照审计实施的基本数据需求，区分行业类别，制定了数据采集、分析和存储规则，实现了审计数据的交互性和可比性；制定了数据中心基本规则、数据库建库规范；建设了国家审计数据中心，试点建设国家审计数据中心、省级地方数据分中心。

随着审计管理、审计业务、政府预算执行审计、税收审计、海关审计、金融审计、企业审计、投资项目审计、社会保险审计、外资审计、农业审计、领导干部经济责任审计、专项审计等13类数据库的建立，审计机关掌握并可在内部共享的数据日趋丰富。

五、探索信息化环境下的审计方式方法

SQLServer 等大型数据库投入使用和数据存储技术、磁盘阵列技术的应用，为数据分析、数据挖掘奠定了基础，审计工作从技术上获得了新的支持。从数据分析运用角度看，经过了以下三个发展阶段：

第一，从手工状态向半信息化状态转变阶段。审计人员更为关注信息化的软件技术、硬件设备、网络、数据库、系统等相关知识。审计方式从手工翻阅账本发展到电子账套审查与手工账本相结合，主要表现在审计人员能够导出被审计单位的财务数据，AO 审计软件与财务数据的有效对接，呈现了以财务数据为主、业务数据为辅的分析模式。

第二，数据分析"割据"阶段。伴随"金审"工程建设，以各行业审计作为信息化的龙头，根据自身特点实现分散割据基础上的审计，数据的存放、保管基本上是"谁审计、谁负责"的方式。这个阶段也可以称作"数据式审计"阶段。其审计方式是各业务司局、派出机构分头开展数据分析，然后对分析结果予以核实确认，比如财政审计主要下载海关、税务等被审计单位的财务与业务数据，金融审计下载银行、保险等被审计单位的财务与业务数据等。各业务条线逐渐形成了一批常用的数据分析方法及审计案例，形成了

各业务条线的审计经验库,《数据采集分析》《通用审计》《中央部门预算执行审计》《海关业务审计软件》等一批审计软件相继投入使用。

第三,数据分析整合阶段。是对各类审计数据、系统的整合,探索与形成了"总体分析、发现疑点、分散核查、系统研究"的信息化审计新思路,即通过归纳总结审计经验,找到总体分析数据的路径和方法,自动或高效率发现差异、找出疑点,进而分别指导现场审计人员精确打击,最后归集审计发现,系统分析原因,提出审计建议。在整合过程中,通过建立审计数据规划的方式,实现审计数据的集中,如金融审计率先在商业银行领域建立了数据存储平台,然后在数据存储平台的基础上建设了数据分析平台,金融审计通过制定数据标准,实现各商业银行底层数据的共享。

内部数据和外部数据、财务数据和业务数据的综合分析,使审计不再是以账论账,大大提高了揭示问题的深度和提出建议的高度,审计在促进公共财政规范管理、提高绩效与维护国家经济安全方面都发挥了重要作用。

第二节　实施审计信息化的形式分析

审计实施的信息化,是指审计过程已经处于最大限度地全面应用信息技术的状态,既包括审计人员有能力对实现信息化的被审计单位实施审计,又包括在审计项目执行过程中实行信息技术管理。信息化的作业实施有五种形式,同时还要引入审计现场作业数字管理模式。

一、电子账簿式审计

对会计账簿的检查,是审计职业传统的工作内容。电子账簿式审计仍然将账目作为审计取证的切入点,也可以说是信息化条件下的簿记审计。与传统账簿式审计一样,电子账簿式审计,也要进行外在形式的审查。

首先,检查会计账套(会计电算化用语)的设置和使用是否符合规定,是否满足管理和核算的要求;其次,也要进行会计资料真实性、合法性的审查,即检查会计资料所反映的经济活动是否真实、合法,相关账项的记录是否相符,账户余额计算是否合理,账户余额反映的财物、债项是否确实存在等;最后,还要进行经济活动合理性、有效性的审查,即通过检查会计账簿上的内容摘要,来判断所反映的有关经济活动是否合理和有效。

在上述三项审查中,烦琐重复的查找、核对,在有了计算机软件以后,完全可以由计算机完成,审计思路完全可以由计算机辅助实现。因此,电子账簿式审计的效率比传统账簿式审计大为提高。

二、数据式审计

数据式审计是信息化条件下应运而生的一种新的审计模式，它以信息系统内部控制测评为基础，通过对电子数据的收集、转换、整理、分析和验证，实现审计目标。相对于将反映经济业务的纸质账目作为审计取证切入点的账目基础审计、将控制经济业务及其记录的内部控制制度作为审计取证切入点的制度基础审计、将内部控制制度和风险因素同时纳入审计视野进行全过程风险分析的风险基础审计，数据式审计不仅将电子账目作为审计的客体，而且将计算机信息系统作为评价内部控制的直接因素；不仅针对会计核算数据，而且针对业务数据、管理数据等非财务数据；不再局限于内部数据，而是将外部数据也引入审计过程进行比较分析。

数据式审计中的"选、比、查"再现了传统手工审计的方法，然而在信息化条件下其效率可以大大提高，因为只要给定标准，计算机就可以做到批量执行，而且"选、比、查"可以复合使用、同时进行。审计软件进行"选、比、查"采用的技术有三种：第一，用存取数据以及查询、更新和管理关系型数据系统的结构化查询语言（SQL, Structured Query Language）查询；第二，以海量数据为基础的多维数据分析（也称为联机分析处理，OLAP, On-Line Analytical Processing）；第三，从大量的、不完全的、有噪声的、模糊的、随机的实际应用数据中，提取隐含在其中的、人们事先不明确的、但又潜在有用的信息和知识的数据挖掘（Data Mining）。

近年来，按照"总体分析、发现疑点、分散核查、系统研究"信息化审计思路，大数据（Big Data）分析在中华人民共和国审计署统一组织的社会保障资金审计、财政专项资金审计、土地出让金审计等大型审计项目中得到广泛应用，并取得显著成效。对于大数据，有各种不同的解释。一般地讲，大数据是指无法用现有的软件工具提取、存储、搜索、共享、分析和处理的海量、复杂的数据集合，其典型特征有三点：第一，数据体量巨大，已经远远超越了 GB 量级，达到 TB 量级；第二，数据来源复杂，既有审计对象的财务数据，也有业务数据，既有审计对象的内部数据，也有大量来自外部单位的关联数据；第三，数据类型繁多，不仅有结构化数据，也有图片、视频、地理位置信息等非结构化数据。

利用大数据开展多维数据分析，为审计人员提供了新的思路和审计切入点，极大地拓展了审计的广度和深度。例如，在社会保障资金审计中，除了取得各类社会保障机构的业务及财务数据外，还从工商、公安、税务、住房公积金、电力等部门获取了大量外部数据，通过搭建综合数据分析平台，开展关联分析，从多个维度分析社会保障资金的缴存、发放、领取等环节的疑点线索，不仅有效扩大了审计覆盖面，也提高了审计精确打击的效率。

三、分析式审计

基于共享数据的分析式审计，是"金审"工程三期构建的审计方式，它建立在"金审"工程二期审计数据规划基本完成、数据有了一定积累的基础之上。其应用领域主要是以下两个方面：

第一，对国家公共管理的审计监管运用分析式审计，对国家公共管理进行审计监管，就是在占有充分数据的基础上，建立对政府公共财政和公共产品服务管理绩效、财政财务绩效的评价核心指标，建立与之相关的审计方法模型、准则规范和审计评价的计算机系统，之后利用这些指标等成果，以审计评价核心指标为基础进行审计，从而揭示国家公共管理存在的趋势性问题，从总体上促进公共财政管理规范和绩效提高。

第二，对国家经济安全的审计监管。运用分析式审计，对国家经济安全进行审计监督，就是选择关乎国家经济安全的重要领域，建立各类经济安全审计评价指标，结合国家政策、外部共享数据、审计系统内部积累数据、国家经济运行和宏观调控信息，建立审计方法模型，总体研究分析国家经济安全，揭示潜在风险，提出宏观调控政策审计建议。

实施分析式审计的重要措施是建立审计仿真实验室。仿真是用项目模型将特定于某一具体层次的不确定性，转化为它们对目标的影响。审计仿真实验室是对"金审"工程二期建成并投入应用的审计模拟实验室的提升，其目标是为审计预测提供技术支持。审计仿真实验室的建立，将使审计进入数字应用阶段。利用审计仿真系统的软件首先要解决仿真模型的建立和进行仿真实验的方法问题，然后由计算机执行，运算相关数据，得出仿真结论。仿真技术是提高审计工作层次和水平，降低审计风险，增强审计建议和意见的可信度、可用度的新手段。

四、联网审计

联网审计是相对于现场审计而言的，国外与之形式相同的审计方式一般直译为在线审计（online auditing）。相对于现场审计，联网审计最主要的功能是远程实时或者亚实时获取被审计单位数据资料、动态预警、实时核查。

审计人员与审计资料在空间上是分离的，但通过网络技术审计人员可以获取审计资料，在审计人员所在的审计机关就可以审计多个被审计单位，如果被审计单位采用集中处理会计业务，审计人员足不出户就可以审计被审计单位遍布在各地的下属单位，从而扩大审计的覆盖面。同时，审计人员获取的资料不仅是已经过去的、某一个阶段的和相对静态的，而且可以是刚刚发生的、相对鲜活的、动态的资料。这些资料来自被审计单位经济管理、生产经营正在使用的信息系统，是在生产系统产生、运行而且持续运行中使用的数据。

电子资料的可存储性和良好的再利用性，使得审计机关积累被审计单位资料更加容易和简便。虽然联网审计改变的不是审计内容而仅仅是获取审计数据的形式，然而正是因为获取数据形式的变化，可以促成审计工作由单一的现场审计转变为与远程审计相结合，由单一的静态审计转变为与动态审计相结合，由单一的事后审计转变为与事中审计相结合。

五、信息系统审计

信息系统审计是一个收集和评价审计证据，对信息系统是否能够保护资产的安全、维护数据的完整，使被审计单位的工作和经营等目标得以有效实现、资源得到高效使用做出判断的过程。在信息化、数字化环境下，信息系统审计要抓住三个关键点：第一，安全性；第二，有效性（可靠性）；第三，经济性。

从审计机关的职责任务和被审计单位信息化建设应用的现实情况看，开展信息系统审计要关注网络、设备、操作系统、数据库、环境等系统要素的安全性，关注规范管理、提高效率、共享信息、数据准确等功能要素的有效性，关注组织目标实现、投资收益、性价比、利用覆盖率等项目要素的经济性。

审计机关在开展财政财务收支审计、经济效益审计的同时，应当对被审计单位的信息系统进行审计，目标是揭示由于信息系统缺陷而导致的信息安全风险、经济安全风险，促进被审计单位加强内部管理和控制，提高信息化建设项目的效益，同时保证审计所需数据的可靠性和可用性，防止新形势下的"假账真查"，降低审计风险。

六、审计现场作业数字化管理

实行审计现场作业数字化管理是计算机应用发展到一定阶段现场审计作业应当达到的状态。在这种状态下，审计作业操作和现场作业管理过程中获取和形成的资料，均以数字化形式进行传输、交换、存储、处理和利用，从而最大限度地发挥计算机技术的优势。

计算机审计开展初期，没有相应的数字化管理要求，致使审计作业现场不同程度地存在着与信息化审计方式不相适应的"手工作坊"式管理，审计资料收集缺乏统一规划，导致索要资料的重复和遗漏并存；致使资料取得后存放散落，难以共享，无法形成数据资源平台；致使审计人员各自为政，好思路不能及时推广，工作成果不能相互利用；致使审计组组长和主审对审计过程的控制力弱，其要求不能及时传达给审计人员。

因此，有必要强调推进审计现场作业的数字化，审计组组长、主审要具有计算机审计的操作能力，能够很好地管理信息化条件下的审计队伍；审计人员要具有计算机审计方面较强的操作能力，自觉并熟练使用现场审计实施系统（AO）进行审计，达到审计项目的管理要求；审计机关要部署采用与审计现场有数据交互功能的审计管理系统（OA）；在审计现场要严格并强力推行数字信息的内容规范和格式规范；审计文档特别是审计证据等非结构化资料以及项目审计档案要数字化；与审计项目有关的领导批示、电视、广播、报纸的报道，审计结果被利用之后的衍生成果以及网民的反映等资料，也都要及时数字化。

第三节 我国审计信息化发展趋向与路径思考

一、我国审计信息化发展趋向

（一）审计信息化发展环境

总体上，审计信息化发展环境可归纳为以下五个方面：

1. 审计信息数据集中化

伴随着信息化的飞速发展，金融、通信、国税、海关、公安、电力等部门加速建立统一框架、上下联动、全国集中的信息化系统，实现全国数据的大集中。目前，数据基本都集中在总部机关所在地，并已经形成了以数据中心、备份中心、灾备中心为模式的两地三中心策略。数据的大集中、大关联、大计算，为集中管控、分类授权、全面管理、实时分析奠定了基础。

2. 审计信息集中海量化

数据的大集中必然形成海量的大数据，当前的大数据不仅包含了传统意义的结构化信息，还包括非结构化信息，面对着浩如烟海的不同数据类型，面对着灿若群星的数据表、纷繁复杂的各类信息与眼花缭乱的处理技术，采用全国一体化的数据集中模式，实现了全国数据统一共享的格局，这种格局产生的海量数据，以几何级数呈现着爆炸式的增长。数据量、信息量与处理量都在激增，很多行业的数据都将以 PB 为单位进行计算，多个行业数据融合后的存储量更是无法想象。

3. 审计信息海量共享化

因为多个行业实现了数据大集中，所以在部门内部实现了数据的全国共享，打破了以往由于系统不同、结构各异形成的难以共享状况。通过数据的大集中打破了部门内部制约信息共享的障碍，在系统内部形成了统一的接口标准、统一的代码规则、统一的代码含义、统一的业务流程，为实现各类数据融合奠定了基础。如建设银行，正在开发新一代核心系统，该系统不仅能够实现全行所有信息的共享与交互，而且能够与公安、工商部门实现数据的实时对接与信息传输，初步实现海量信息的大共享、大拓展。

4. 审计信息共享融合化

由于很多被审计单位实现了数据集中，每个部门形成了自己的"数据河"。在信息化时代，整合各个"数据河"之间的连接水道，形成信息无缝对接的"数据海"较为重要。"数据海"的形成是信息化的最显著特点，标志着信息化时代不仅具备了信息的汇集与共享功能，而且具备了信息的挖掘与融合的基础。如人民银行建设的征信系统，将工商、交通、公安、金融等数据进行梳理与整合，形成单位与个人的征信信息，实现了数据共享基础上的融合利用。

5. 审计信息融合精细化

目前，很多部门不仅重视数据的大集中，而且重视数据的精细化挖掘，通过采用各种数据分析工具，实现对数据海洋的深层勘探分析，通过利用现代化的高科技分析手段，挖掘隐藏在数据背后的深层宝藏，如国家审计将来在实现财政、金融、企业、行政事业、社保等行业的数据融合后，会形成审计的数据海洋。这个数据海洋将有可能成为很大的数据中心，是所有审计对象信息的集中枢纽，在这个枢纽上运用高科技手段开展对经济、财政、金融、国家安全等领域的分析不仅是实时的，而且是全面的；不仅是准确的，而且是真实的；不仅能够及时揭示各类风险，而且能够提出政策建议；不仅能够更加有效提升审计的作用，而且能够更加有力地提高审计服务国家治理的能力。

（二）我国审计信息化发展带来的机遇

信息化时代既是变革的时代，又是充满机遇的时代，既是大共享的时代，又是大数据的时代。在这种形势下，国家审计面临着指挥体系、数据整合、模式转型、业务整合、保障体系等方面的机遇，唯有抓住机遇，才能顺势而为。

1. 审计信息化指挥体系

大数据既是数据的海洋，又是决策的基础；既是信息的起点，又是信息的终点；既体现了信息路程的轨迹，又保留了信息的位移距离。所以通过对海量数据的分析，既能够在最短时间内实现对审计重点的确定，又能够以最准确的方式实现对审计线索的识别，通过数据的融合分析，可以实现多维度分析、多视角融合、多领域评价、多层次筛选，这些无疑为审计的远程指挥、远程分析、远程核查创造了条件，更为重要的是能够促进审计的决策指挥科学化、系统化、规范化，形成以信息化分析平台为依托、以远程核查为手段、以高技术分析为核心、以高品位成果为目标的新型指挥体系。

2. 审计信息化数据整合

在信息化时代，数据的完整、真实、准确是审计的基础。在数据的海洋中实现数据的信息融合，必须将现有分散在各个部门的"数据河""数据池"加以疏通与连接，形成"数据海""数据洋"，必须将现有的碎片状的河流分布格局改变成连续性的海洋分布格局，必须将现有的点状分布格局改变成体状分布格局，必须将现有的静止信息源转变为运动的数据源。通过上述方式实现不同行业数据的有效整合，实现整合基础上的融合，实现静止基础上的运动,实现孤立基础上的连续,这样才能实现完整的信息化分析,为实现审计"五个过渡"创造条件。

3. 审计信息化模式转型

信息化时代为审计模式转型创造了良好条件,形成了一种倒逼机制。这种转变既是信息化时代手段现代化的发展要求,又是信息化时代数据共享的发展必然。在统一的项目组织架构下,需要业务的集中统一,需要数据的集中分析,需要模式的集中转换,这些审计模式的变革,不仅需要对各种组织方式进行探索,而且需要在探索基础上形成相应的制度、固定的操作流程、相应的管理办法、先进的取证方法以及完备的团队管理模式。

4. 审计信息化业务整合

信息化时代由于具备了统一的信息分析枢纽,能够实现业务全覆盖,这种情况对于业务整合提供了很好的机遇,这是一种内生动力对于业务整合的推动。在信息化时代,审计目标的科学规划为业务整合提供了难得的实施机会,尤其在业务整合过程中的流程再造,实现了新老业务流程的互换与促进,实现了新老业务流程之间的划界与标识,实现了新老业务之间的继承与扬弃,这种互换与促进为推进信息化条件下的业务整合提供了机遇。

5. 审计信息化保障体系

信息化既是数据的大融合,又是设备的大集中;既是人员的大融合,又是操作的大编组;既是流程的大融合,又是制度的大汇集。信息化不仅需要高端的硬件,而且需要性能超强的软件,这些设备的集合不但对于人员使用提出了要求,而且对于体系化建设提出了更高的要求:只有将保障建设提升到重要的层次,才能实现保障措施的制度化,只有形成保障措施的制度化,才能实现保障措施的具体化,体系化建设不仅对于实现审计科学管理发挥重要作用,而且为推进审计的整体化建设创造了条件

二、我国审计信息化发展的路径思考

信息化审计与模式创新相结合,推进审计模式的变革。信息化审计代表着新的发展方式,有什么样的信息化审计就必须有什么样的审计模式相对应。新的历史条件下,信息化审计必须与模式创新相结合,通过"总体分析、发现疑点、分散核查、系统研究"的方式开展审计,实现的路径是"大项目运作、五中心联动、上下游并行"。

第一,大项目运作是指为完成一个目标,需要由多个部门、多种业务、多种组织进行密切配合、分工协作与无缝对接,目的是运用最好的管理机制、实现最优的审计成果、达到最优的审计目标的新型审计模式。

第二,五中心联动是根据"总体分析、发现疑点、分散核查、系统研究"的工作要求,建立指挥决策中心、参谋执行中心、中枢核查中心、任务执行中心、信息加工中心。其中指挥决策中心相当于司令部,负责审计总体的决策与指挥。参谋执行中心相当于参谋

部，主要负责落实指挥决策中心的任务计划、任务目标、任务进度、任务实施。中枢核查中心相当于执行任务的特种部队，根据参谋执行中心的工作要求，对任务范围内的信息进行分析，发现审计线索，同时完成重特大任务的延伸核查。任务执行中心相当于野战部队，主要负责对中枢核查中心下发的分析结果进行延伸核实，同时与中枢核查中心密切配合，实施对重特大任务的延伸核查。信息加工中心相当于作战部，主要负责对查实的审计线索进行深度加工、汇总、提炼、形成向有关部门上报的信息材料。

第三，上下游并行是根据审计项目的工作要求，对审计团队进行分层管理，分为中华人民共和国审计署、特派办、审计厅三层管理体制，每个层级根据审计任务的整体要求，完成各自的工作任务，实现上下游的有效联动。

信息化审计与管理方式相结合，推进管理水平的提升。信息化审计是未来的发展方向，这就要求有相应的管理方式与其对应。新的发展阶段下，信息化审计必须与新的管理方式紧密结合，通过"系统实施、流程管控、层级设定、授权管理"的方式实现结合。其中系统实施是指运用管理软件实现对审计现场和机关内部的信息化管理，实现在高效基础上的跨越。流程管控是指对审计管理工作进行优化与梳理，实现简洁基础上的流程化再造，以适应信息化审计的发展要求。层级设定是根据管理人员的角色与职责，运用信息化方式进行层级的有效设定。授权管理是按照各自职责与权限的区别，针对管理权限与幅度，进行科学管控基础上的严格授权。

审计信息化实现的路径是"横向矩阵化、纵向网格化、全局一体化"。横向矩阵化是指对于层级平行但所属机构不同的审计组采取矩阵式管理方式，实现不同组织间的任务统一，分工协作。纵向网格化是指对大型审计组内部实施的纵向管理方式，它主要根据审计任务的重要性程度，科学合理地安排与调度资源，形成纵向网格化的动态管理模式。全局一体化是指对审计署或者下级审计机关在执行审计任务过程中，要通过信息化手段实现统一指挥、统一规划、统一安排、统一实施、统一管理，实现全局一体化的审计格局。

信息化审计与数据应用相结合，推进审计信息的整合。信息化审计是大数据的发展必然，也是信息化的发展要求，这就要求有相应的发展措施与之相对应。新的发展要求下，信息化审计必须与数据应用紧密结合，通过"全面考虑、分业实施、共享融合"的方式实现目标。全面考虑是指将审计数据按照全领域进行研究分析。分业实施即根据行业的特点，以重点行业为突破口实施。

共享融合是通过对重点行业部门数据进行整合，实现信息共享。实现的路径是"重点推进、全面集中、整体审计、深度挖掘"。重点推进是对财政、金融、企业、行政事业、社保、海关、房地产、工商等数据进行重点推进，建立各自行业的标准数据结构，建立各自行业的数据库，实现不同行业之间数据的关联与分析。全面集中是指为保证数据的完整性与信息的共享性，需要对重点行业审计数据进行全面集中，将所有数据集中到审计署数据中心，实现全国审计数据的大集中。整体审计是配备专门的业务机构负责全国信息化工程、国家信息安全、国家电子投资等项目的审计。深度挖掘是指运用先进的数据挖掘工具开展高端层次的数据分析，从而达到服务国家治理、维护国家安全、揭示经济运行的风险状况、打击违法犯罪的目的。

信息化审计与成果提升相结合，推进国家治理的提升。信息化审计是信息化发展的必然结果，也是多年审计成果的结晶，有怎样的审计成果就必须有什么样的审计视角与之相对应。新的发展格局下，必须强化信息化审计与成果提升的紧密结合，通过"研究专题、深度提炼、实效突出"的方式实现审计成果的二次飞跃。研究专题是根据维护国家经济安全、服务国家治理的需要，研究相应的审计热点专题。深度提炼是将审计发现的问题进行横向与纵向的提炼，实现专题内容深度与广度的跨越，通过高质量的分析报告，为制定国家重大政策服务。实效突出是审计成果必须具备很强的实效性、敏锐性、全局性，使其在完善国家治理、提升宏观调控水平、评价国家重大经济政策等方面发挥作用。审计业务一体化的实施路径以重点领域为突破口，选择财政、金融、企业等重点业务作为一体化的基础，研究它们之间实现的路径，提出相应的技术与策略。

信息化审计与团队建设相结合，推进高端人才的培养。信息化审计的发展必须有强大的信息化团队作为依托，有什么样的信息化审计就必须有什么样的数据分析团队与之相对应。新的发展机遇下，必须强化信息化审计与数据团队建设的紧密结合，通过"业务与数据结合、集中与分散结合、科研与实践结合"强化信息化审计与团队协作的关系。业务与数据结合是指团队人员必须由既懂信息化分析又懂审计业务的复合型人员组成，只有这样才能培养越来越多的审计型"海军陆战队员"，为执行特殊审计任务奠定基础。集中与分散相结合是指根据任务的需要采取集中研讨的方式实现对重特大问题的面对面沟通与协作，分散是指依托信息化手段采取远程交互的方式进行交流。科研与实践结合是指为了进一步提升团队的作战能力，需要依托科研项目进行理论与实践的结合，推进理论与实践的双向互动。

实现的路径是"三项制度、三个平台、三个依托"：

第一，三项制度是指建立信息化团队管理制度、信息化分析管理制度、信息化保密管理制度。其中信息化团队管理制度包含团队建设原则、组队方式、管理模式、奖惩制度等方面内容；信息化分析管理制度包含数据分析的方式、流程、授权管理、数据传输等方面内容；信息化保密制度包含保密的流程、严禁泄密的种类、承诺保密的方式、惩罚的制度等内容。

第二，三个平台是实战平台、科研平台、培训平台。其中实战平台是指以审计大项目为牵引、以信息化审计为方式，将数据分析团队投入实战中进行锻炼与培养；科研平台是针对数据团队特点，通过设定科研项目，以项目为牵引，提升数据团队人员的科研能力，提升科研与实践的能力,为更好的实践创造条件;培训平台是针对数据团队的知识结构,聘请国内一流的专家开展培训,以便在最短时间内提升数据团队人员的作战能力。

第三,三个依托是"数据审计、跟踪审计、联网审计"。数据审计是以国家审计数据中心、被审计单位数据为载体实现数据的全覆盖审计;跟踪审计是对被审计单位进行连续的政策跟踪审计,从而服务于国家治理,促进政策执行;联网审计是运用云计算的方式实施远程审计,实现信息化的异地审计。

第六章 审计规范化建设

第一节 我国审计规范化建设体系

审计规范是由不同层次的规范构成的一个有机联系的整体,这个整体就是审计规范化体系。

一、我国审计规范化的体系结构

审计规范化体系结构,可以有两种分类方法:第一,根据其规范事项的不同进行划分,按这种方法划分出的由不同事项的规范所组成的审计规范体系,称为审计规范的内部结构体系;第二,根据审计规范的表现形式不同划分,按这种方法划分出的由不同层次的规范所组成的审计规范体系,称为审计规范的外部结构体系。审计规范的内部结构体系主要体现为各类审计规范的内容。审计规范的外部结构体系是由国家立法机关和其他有权制定法规的机关按照一定的程序制定的、具有不同法律效力的规范所构成的。

我国的审计法律规范包含了审计职业道德规范。审计职业道德是审计人员履行国家审计监督公务时的基本职业要求,是由国家或审计机关根据审计实践和审计职业的内在要求加以确立的,要求审计机关和审计人员在履行职责时认真遵守,即审计职业道德与审计监督公务紧密联系。因此,《中华人民共和国审计法》及其实施条例、《中华人民共和国国家审计准则》对审计机关及其审计人员的审计职业道德做了明确规定。

国家审计法律规范按照其制定主体和法律效力等级的不同,又可具体分为国家审计法律类规范、国家审计法规类规范和国家审计规章类规范(含审计准则类规范)。审计法律类规范是指全国人民代表大会及其常务委员会制定的《中华人民共和国宪法》和各项法律对国家审计的相关规定。审计法规类规范是指国务院制定的行政法规和地方人民代表大会及其常务委员会制定的地方性法规中对国家审计的规定。审计规章类规范是审计署颁布的审计规章以及国家审计准则,还包括国务院其他部门和地方人民政府制定的行政规章中对国家审计的规定。

与中国立法体系和审计规范自身特点相适应,审计规范的外部结构体系主要由以下四类规范所组成：

第一，宪法。《中华人民共和国宪法》明确了中国实行国家审计制度，并对审计监督的基本原则、审计机关的设置和领导体制、审计监督的基本职责、审计长的地位和任免等基本制度做了规定。这些规定是中国审计规范体系的基础。

第二，审计法和有关国家审计的其他法律。《中华人民共和国审计法》，是规范国家审计的专门法律，是审计规范体系的核心。该法对审计监督的基本原则、审计机关和审计人员、审计机关职责、审计机关权限、审计程序、法律责任等做了全面规定。除《中华人民共和国审计法》外，其他一些法律中也有关于国家审计的规定，如《中华人民共和国预算法》《中华人民共和国会计法》《中华人民共和国中国人民银行法》《中华人民共和国证券法》《中华人民共和国商业银行法》等就审计机关对这些领域的审计都做出了规定。另外，有些关于国家行政监督管理方面的法律，如《中华人民共和国行政诉讼法》《中华人民共和国行政处罚法》《中华人民共和国国家赔偿法》等也适用于国家审计。因此，这些法律也是审计规范体系的重要组成部分。

第三，有关国家审计的行政法规。行政法规主要有两类：一类是国务院颁布的专门规定国家审计的行政法规，如《中华人民共和国审计法实施条例》《中央预算执行情况审计监督暂行办法》；另一类是国务院颁布的包含有国家审计内容的或适用于国家审计的其他行政法规，如《财政违法行为处罚处分条例》。

第四，有关国家审计的部门规章。主要是中华人民共和国审计署和国务院各部委依法颁布的有关国家审计方面的规章，如中华人民共和国审计署颁布的《中华人民共和国国家审计准则》《审计机关封存资料资产规定》等。国家审计准则是一种特殊的行政规章，是由中华人民共和国审计署制定颁布、对审计机关及其审计人员具有约束力、规范审计业务工作的行政规章性规范。

二、我国审计规范化的体系内容

（一）审计法律规范的内容

与审计相关的中国法律规范，对国家审计的组织制度、工作制度、报告制度等都做出了规定。从内容上看，它是由审计组织性规范、审计实体性规范和审计程序性规范三个方面构成。其核心内容是与执行审计业务最直接相关的内容，包括审计机关的职责、权限和工作程序要求。

第一，规定了审计机关的主要职责。确定审计机关职责的基本原则是，凡是使用国家财政资金、占有和使用国有资产、管理公共资金和其他公共资源的单位和个人都应当接受审计机关的监督。按照《中华人民共和国宪法》和《中华人民共和国审计法》的规定，国务院设立审计机关，对国务院各部门和地方各级政府的财政收支，以及国家的财政金融机构和企业事业组织的财务收支进行审计监督。国务院各部门和地方各级人民政府及其各部门的财政收支，国有的金融机构和企业事业组织的财务收支，以及其他依照审计法规定应当接受审计的财政收支、财务收支，依照审计法规定接受审计监督。由此确定了审计机关所具有的广泛的职责范围。

第二，规定了国家审计的主要权限。中国的相关法律对审计机关履行职责、行使审计监督权规定了相关权限：包括要求报送资料权、进行检查权、调查取证权（含公款私款查询权）、提请协助权、处理处罚权、审计建议权（含移送处理权）、通报和公布审计结果权、采取行政强制措施权等。其中，采取行政强制措施权包括制止权、封存权、通知暂停拨付款项权、要求扣缴款项权等。

第三，规范了国家审计的法定程序。国家审计是一种行政行为，按照依法行政的要求，相关的法律规范对审计工作程序做出了严格的规定。

（二）审计准则的内容

审计准则主要是对审计机关和审计人员应当具备的资格条件和职业要求做出的规定，是审计机关和审计人员制订年度项目计划、编制审计方案、获取审计证据、做出审计结论、进行审计业务管理所应当遵循的行为规范。其内容涵盖以下八个方面：

第一，对审计主体资格的规范。即对审计机关和审计人员的资格条件进行规范，主要规定审计机关和审计人员执行审计业务的基本条件和要求、基本审计职业道德原则、审计独立性、职业胜任能力、与被审计单位的职业关系等。

第二，对审计业务类别与工作目标的规范。主要是对中国审计机关法定职责内的业务活动进行科学分类，划分出业务类别，如审计、专项审计调查、经济责任审计，并对各类业务活动的工作目标做出明确规定。

第三，对审计计划的规范。审计计划的规范主要规定了年度审计项目计划的主要内容和编制程序，审计工作方案的主要内容和编制要求，对年度审计项目计划执行情况及执行结果的跟踪、检查和统计等。

第四，对审计业务执行过程的规范。即对审计项目的实施过程进行规范。主要包括四点内容：一是对审计实施方案的规范，主要规定审计实施方案的编制程序和主要内容等；二是对审计证据的规范，主要规定审计证据的含义，审计证据适当性和充分性的质量要求，获取审计证据的模式、方法和要求，利用专家意见和其他机构工作结果的要求等；三是对审计记录的规范，主要规定做出审计记录的事项范围、目标和质量要求，审计记录的分类和内容，审计工作底稿的审核，审计工作底稿的利用等；四是对重大违法行为检查活动的规范，主要规定重大违法行为的特征，检查重大违法行为的特殊程序和应对措施等。

第五，对审计成果的规范。对审计成果的规范内容主要包括五个方面：一是对审计报告的形式和内容的规范，主要规定审计报告、专项审计调查报告的基本要素和主要内容，经济责任审计报告的特殊要素和内容，审计决定书、审计移送处理书的主要内容等；二是对审计报告编审的规范，主要规定审计报告等文书的起草、征求意见、复核、审理、审定、签发等编审环节的要求，专项审计调查中发现重大违法违规问题的处置方式等；三是对专项报告与综合报告的规范，主要规定编写审计专项报告、信息简报、综合报告、经济责任审计结果报告、本级预算执行和其他财政收支情况审计结果报告以及审计工作报告等基本要求；四是对审计结果公布的规范，主要规定审计机关公布审计结果的信息种类及其中的内容范围、质量要求和审核批准程序等；五是对审计结果跟踪检查的规范，主要规定跟踪检查的事项，检查的时间、方式，检查结果的报告和处理措施等。

第六，对审计质量控制与责任的规范。审计质量控制与责任的规范内容主要包括：建立审计质量控制制度的目标、审计质量控制要素、针对"质量责任"要素确定的各级质量控制环节的职责和责任、审计档案的质量控制责任及归档材料的内容、针对"质量监控"要素建立的审计业务质量检查、年度业务考核和优秀审计项目评选制度等。

第七，对信息技术环境下审计的规范。信息技术环境下实施的审计项目同样应遵守相关的规范。但信息技术环境对审计工作还有其特殊要求，主要包括：信息技术环境下审计组整体胜任能力的要求；编制年度审计项目计划过程中利用数据分析结果，使用技术装备等的要求；编制审计实施方案过程中调查了解被审计单位信息系统及其电子数据，检查信息系统有效性的要求；电子形式的审计证据、审计工作底稿和审计档案的特殊要求；审计人员关注信息系统中存在的舞弊功能、系统漏洞问题以及对审计发现这类问题的处理措施的要求；联网审计项目在审计工作方案编制和审计报告方面的特殊要求；公布审计结果对涉及信息系统安全控制、系统漏洞等技术细节方面的保密要求等。

第八，对审计管理活动的规范。即对审计管理的体系结构和主要要素做出规范。审计管理规范的内容主要包括四个方面：一是对审计资源调配和整合的规范，主要规定项目计划的制订方式，年度项目计划与长期发展规划之间的协调衔接，建立动态项目库，编制滚动项目计划，年度各项目之间的整合等；二是对审计模式的规范，主要规定每个项目都要探索从审计财政财务收支入手，以责任履行和责任追究为重点，将合规审计与绩效审计融为一体，从政策执行、资金使用、资源利用和行政效能等诸多方面综合考虑其效益、效率和效果，以满足经济社会发展对审计的多方面需求；三是对审计方式的规范，主要规定审计方式的选择依据和选择方法，明确要求根据项目特点，科学选择审计、审计调查和跟踪审计等方式，积极探索和推广多专业融合、多视角分析、多方式结合的管理模式；四是对如何处理好审计任务、审计力量和审计风险之间关系的规范，明确"突出重点、量力而行、明确责任、防范风险"的原则。

(三)审计职业道德规范的内容

审计职业道德规范的主要内容涉及职业品德、职业胜任能力、职业责任等方面,其核心原则包括:严格依法、正直坦诚、客观公正、勤勉尽责、保守秘密等。

第一,严格依法是指审计人员要做到:严格依照法定的审计职责、权限和程序进行审计监督,规范审计行为。

第二,正直坦诚是指审计人员要做到:坚持原则,不屈从于外部压力;不歪曲事实,不隐瞒审计发现的问题;廉洁自律,不利用职权谋取私利;维护国家利益和公共利益。

第三,客观公正是指审计人员要做到:以适当、充分的审计证据支持审计结论;实事求是地评价和处理审计发现的问题;保持不偏不倚的立场和态度,避免偏见。

第四,勤勉尽责是指审计人员要做到:敬业奉献,认真履行应尽的审计职责;严谨细致,保证审计工作的质量;勤勉高效,及时完成所承担的审计业务;廉洁自律,不利用职权谋取私利。

第五,保守秘密是指审计人员要做到:保守其在执行审计业务中知悉的国家秘密、商业秘密和工作秘密;对于执行审计业务取得的资料、形成的审计记录和掌握的相关情况,未经批准不得对外提供和披露,不得用于与审计工作无关的目的。

审计职业道德规范的作用主要体现在三个方面:首先,作为审计规范的重要组成部分,审计职业道德规范是加强审计职业管理、充分发挥审计职能作用的必要条件,是顺利完成审计任务的重要保障;其次,作为树立良好审计形象、保持信誉的重要措施,审计职业道德规范对培育形成良好的审计文化和行业道德风尚有积极作用;最后,作为审计人员完善自身的推动力,审计职业道德规范对审计人员道德品质的形成、塑造审计精神有着重要影响。

第二节 我国审计规范化建设路径分析

审计规范化建设是审计事业发展的一个永恒主题。规范化建设在审计事业发展的不同时期有不同要求。在国家审计建立的初期,主要任务是建立规范体系。当前,审计规范体系已基本形成,审计规范化建设的主要任务是规范的落实和规范体系的不断完善。一方面要通过认真落实相关的法律制度和审计准则,来提高审计的规范化水平和审计质量;另一方面要结合审计工作所处外部环境的变化和提高审计工作水平的要求,不断完善已有的审计规范。

一、我国审计规范化建设的原则

我国审计规范化建设和发展过程中始终坚持了以下五项基本原则:

(一)与我国特色社会主义的政治经济以及社会特征相结合

审计是国家政治经济和社会生活的重要组成部分。要发挥审计在保障经济社会健康运行中的"免疫系统"功能,有效服务国家治理,必须构建与它所服务的政治、经济和社会环境相适应的规范体系。中国特色社会主义制度决定了中国审计的领导体制是在中国共产党领导下的行政型体制,中央与地方关系的中央集权制决定了地方审计机关的双重领导体制,公有制占主导地位的经济制度决定了政府审计具有广泛的职责范围,行政型体制赋予了审计机关履行职责时所拥有的包括处理处罚权在内的行政监督权,人民代表大会制度决定了审计机关向政府报告审计结果和受政府委托向人民代表大会报告审计工作的审计成果体现形式等。因此,实行审计规范化必须从中国审计工作的实际出发,实行与中国特色社会主义制度相适应的规范体系,才能真正发挥审计的"免疫系统"功能。

(二)与审计实践相结合

与审计实践相结合,体现了中国特色,增强规范的可操作性。规范化建设必须充分考虑中国审计的体制特征和具有行政处理处罚权、注重查处重大违法违规问题等特点,以及各级审计机关在人员、机构和执法环境等方面发展不平衡的现状。通过原则性规定与规则性规定相结合、形式要求与实质要求相结合、鼓励制定配套政策措施等方式,增强规范的可操作性。

(三)坚持与审计队伍与审计文化建设相结合

长期的审计工作和特定的环境造就了特定的审计文化,而这种文化在一定程度上会影响审计人员的行为方式。崇尚独立、注重证据、职业谨慎与职业怀疑、关注责任等审计文化特征,都要求在审计职业规范中得以体现。而不同的审计文化,对审计业务开展的方式和质量要求也是有区别的。如西方审计文化中注重建立在职业判断基础上的审计意见,而中国审计文化中注重建立在审计证据基础上对违规行为的定性与处理。西方审计注重使用建立在抽样基础上的总体推断,而中国审计注重收集一一对应的具体证据,这种文化差异决定了中国审计在取证方法和判断上与西方审计的重大不同,要求我国审计相关的规范要体现出与西方的不同。

（四）坚持与审计技术发展水平相结合

审计规范规定了审计人员以何种方式开展审计，采取何种方法来收集审计证据、进行审计判断、做出审计结论等，而这些环节都依赖一定的审计技术。因此，必须考虑特定阶段审计发展的技术水平，从审计机关的总体上考虑审计技术的发展阶段及其在未来一个时期的发展趋势，以此来决定如何对审计活动进行规范。如果规范要求所使用的审计技术水平过高，可能在执行过程中难以实现这些规范要求，使规范的严肃性受到挑战；反之，如果规范要求所使用的审计技术过低，就不能促进先进审计技术的推广应用，从而阻碍审计技术的进步和审计效率的提高。

（五）坚持审计规范的科学性与开放性

审计规范必须符合审计发展的规律和审计业务活动的规律。只有尊重科学，按科学的要求规范审计工作，才能有效促进审计工作水平提高，才能最大限度地发挥审计作用。在满足当前审计工作需要的同时，也要考虑到审计环境的变化和审计工作的长远发展，比如审计实践的发展要求增加绩效审计、审计整改、信息技术环境下审计的准则等。这就要求审计准则必须具有一定的前瞻性，保持其开放性，借鉴国外审计和其他类型审计中成熟有效的经验，才能适应审计事业发展的需要，不断提高中国审计的规范化水平。

二、我国审计规范化的建设路径与措施

（一）我国审计规范化的建设路径

审计规范化的建设路径主要有以下三个：

第一，从制度建设着手，依照审计工作流程，构建一个标准明确、结构合理、功能完备的审计制度体系。在《中华人民共和国审计法》及其实施条例的基础上，完善国家审计准则和经济责任审计的相关规定等，全面开展审计指南体系的构建工作，健全和完善一系列相关配套规定。各级审计机关根据这些规定、指南，从本地本单位实际出发，努力探索建立更加具体、更加符合自身特点的制度规范。

第二，严格执行制度，强化监督约束。全面推行审计项目审理制度，建立健全审计项目目标责任制和重大审计质量问题责任追究制，把审计质量检查工作逐步制度化和经常化。

第三，坚持依法审计、文明审计，注意加强与被审计单位和有关部门的沟通，认真听取各方面意见，深入分析研究，确保审计结果的真实可靠、实事求是和客观公正。

规范化建设是审计机关有效履行职责的重要前提和基础。当前加强审计规范化建设，

首先，要完善审计法规体系；其次，要构建审计准则体系、要在全面总结以往经验的基础上，根据审计事业发展和外部环境的变化对现有审计准则进行完善，构建既符合中国审计工作实际，又与国际惯例接轨的国家审计准则体系；最后，要构建审计指南体系，通过制定分专业的审计指南，为审计人员落实审计准则、开展具体审计业务提供指导，全面提高审计业务的规范化水平。

（二）我国审计规范化的建设措施

加强审计规范化建设的措施主要包括以下六个方面：

1. 不断总结经验

从审计实践中提炼行之有效的做法，确保审计规范与中国审计实践相适应。我国审计机关成立以来，积累了丰富的经验。如实行审计承诺制、审计质量责任追究制、审计项目审理制度、审定审计结果的审计业务会议制度、审计结果公告制度等。这些经验做法，可以有效地提高工作效率和实现审计目标，也能够为被审计单位和社会所接受。因此要将这些经验做法进行提炼总结，归纳出共性的、合理的原则，将其以法律、制度或准则形式确立下来，使其成为审计职业规范的组成部分。这种由审计实践中产生的职业规范符合实际情况，能够切实发挥对审计实践的指导作用，体现其从实践中来又到实践中去的特征。

2. 加强有关规范的理论研究

借鉴先进经验，构建高水平的审计规范体系：审计规范体系的构建，需要有理论的支撑：只有在理论下对审计规范有一个清晰的认识，才能制定出科学的审计规范，而审计人员只有理解和掌握审计规范，才能在实践中有效地贯彻落实。审计规范应当是基于完整的审计理论体系而构建的，主要从以下五方面体现审计理论的要求：

第一，审计理念、审计人员核心价值观、审计职业道德的确立，需要有系统的理论来指导，要在"免疫系统"论下构建起审计规范的一般原则。

第二，对审计机关和审计人员的审计行为进行规范，需要以审计主体理论做指导。

第三，审计项目计划、实施过程的规范需要有关审计技术方法的理论支撑。

第四，形成与提交审计成果的规范需要符合有关审计报告的要求。

第五，相关的审计管理活动的规范，要以管理理论特别是公共管理理论做指导。此外，要构建科学的审计规范体系，必须借鉴国内外先进经验。国外审计机关和社会审计组织制定规范已经有近百年的历史，中国注册会计师职业规范化建设也有很大进展，这些经验对于中国审计的规范化建设都具有参考和借鉴意义。

3. 提高审计人员的胜任能力与审计工作的规范化水平

实现审计工作的规范化，首先要构建一个科学的规范体系，但更重要的是通过审计人员的实践去落实。审计人员的专业素养决定了其执行审计业务的能力和行为方式。比如一些审计技术方法的应用、保持应有的职业谨慎、进行职业判断、对所审计事项的了解、对内部控制和审计风险的评价、与被审计单位的沟通等，都需要审计人员具有专业胜任能力，否则就达不到职业规范的要求。如果审计队伍总体的专业胜任能力不强，一些重要的职业规范要求在实践中无法达到，就难以实现审计工作的规范化。当前要特别重视审计队伍的专业化建设，只有建立一支专业水准高、能够持续保持专业胜任能力的队伍，才能真正实现审计工作的规范化。

4. 构建完善的质量管理体系并加大监督检查力度

确保审计规范得到有效贯彻审计规范作为审计质量的标准和尺度，与审计质量之间的关系是相辅相成的。审计质量问题的出现，大都是违反审计职业规范所致。审计质量问题不但会侵害被审计单位和其他当事人的利益，而且会对审计工作造成负面影响，因此，要实现审计工作的规范化，必须通过构建完善的质量管理体系，来保证各项职业规范得到有效执行。审计机关必须树立和增强审计质量是生命线的意识，采取多种措施，如树立正确的审计价值观，在审计质量观念、管理手段与方法、管理的要素与体系等方面进行革新，将质量管理模式与审计机关的绩效管理结合起来进行变革，对审计业务流程与管理手段进行创新等，以实现审计质量管理体系的转型，努力提高审计工作的规范化水平。

5. 改革审计管理制度并提升审计规范化水平

审计管理体系包括计划管理、审计机关的绩效管理、审计项目成本管理、审计机关行政管理、审计机关外部关系管理等。这一管理体系是实现审计规范化的基础和保障。比如，要通过人力资源管理来保证审计主体资格相关规范的执行，通过质量管理来保证审计准则得到遵守，通过业绩管理来引导和规范审计人员行为，通过成本管理来促进审计人员提高工作效率，通过档案管理等管理措施来促进审计人员规范审计证据收集行为和工作记录行为，等等。通过构建有效的管理体系，不断提高各项管理水平，提高审计机关的运行效率和工作水平，才能保障审计规范化建设目标的实现。

6. 以创新推动审计规范化水平不断提高

审计机关要随着形势的不断发展，改进和提高审计工作，以有效履行审计职责。这就需要通过不断创新工作方式和方法，对审计规范进行改进和变革。当前审计规范化创新的重点有三个方面：第一，审计报告制度，包括：报告对象、报告内容、报告的路径与方式等；第二，审计技术方法；第三，审计管理方式和管理内容等。

参考文献

[1] 李冬辉,曲远洋. 审计理论与实务[M]. 上海:上海财经大学出版社,2016.

[2] 李俊林. 审计理论与实务[M]. 上海:复旦大学出版社,2015.

[3] 刘家义. 中国特色社会主义审计理论研究[M]. 北京:商务印书馆,2015.

[4] 徐维爽. 审计理论与案例[M]. 大连:东北财经大学出版社,2012.

[5] 郑石桥,刘世林. 审计理论[M]. 北京:中国时代经济出版社,2014.

[6] 陈献东. 对审计本质的再认识:监督工具论[J]. 财会月刊,2019,(9):100-106.

[7] 郑伟宏,刘秀,曾军. 领导特征与政府审计的功能发挥[J]. 财会月刊,2020(02):101-109.

[8] 张海涛,孙永军. 区域环境审计目标与责任、现实与选择[J]. 商业会计,2020,(1):19-22.

[9] 郑石桥. 论金融审计主体[J]. 财会月刊,2019,(1):86-90.

[10] 郑石桥. 论金融审计客体[J]. 财会月刊,2019,(2):108-113.

[11] 王伟,李建军. 审计理论研究逻辑起点浅探[J]. 财会月刊(理论版),2006,(6):41-44.

[12] 宋英慧,安亚人. 审计理论框架新论[J]. 税务与经济,2009,(3):49-53.

[13] 刘子莹. 三位一体的审计理论结构的构建[J]. 商业会计,2013,(5):37-39.

[14] 韩丽荣,高瑜彬. 审计目的和假设理论在1101号审计准则中的体现[J]. 中国注册会计师,2012,(2):104-107.

[15] 郑石桥,周敏李. 企业审计需求:一个理论框架[J]. 会计之友,2019,(2):155-159.

[16] 卞虹予. 企业实现内部审计增值路径研究[J]. 江苏商论,2020,(4):103-106.

[17] 赵宽. 加强我国注册会计师审计独立性的研究[J]. 中国商论,2020,(7):165-167.

[18] 郑石桥,王向成. 财政合规审计:一个理论框架[J]. 商业会计,2020,(3):8-11.

[19] 郑石桥,时现,王会金. 论工程绩效审计[J]. 财会月刊,2019,(20):82-86.

[20] 朱荣, 张月馨. 经济责任审计容错纠错机制构建研究 [J]. 会计之友, 2020, (10): 115-119.

[21] 郑石桥, 时现, 王会金. 论工程审计与审计环境的关系 [J]. 财会月刊, 2019, (23): 104-107.

[22] 任学君, 刘啸. 审计准备阶段应做什么 [J]. 中国审计, 2001, (12): 53.

[23] 詹恩平. 内部审计实施阶段具体程序的改进建议 [J]. 中国内部审计, 2018, (1): 72-73.

[24] 张莉, 张俊民, 朱琦. 国家审计组织方式的改进与重构——基于天津市审计局的经验考察 [J]. 南京审计大学学报, 2017, 14 (1): 85-94.

[25] 邓鹏飞. 对企业实施经营管理专项审计的一些思考 [J]. 中国商论, 2019, (13): 163-164.

[26] 闵婕, 曾欣韵. 基于"互联网+"的审计函证流程信息化实施探析 [J]. 财会通讯, 2019, (22): 113-116.

[27] 丁玗. 企业审计信息化探析 [J]. 中国会计电算化, 2004, (9): 46-47.

[28] 陈冬梅, 刘彦军, 王红霞, 等. 企业内部审计信息化建设研究 [J]. 中国内部审计, 2014, (8): 70-73.

[29] 龙春. 基层政府部门绩效审计 规范化建设体系的构建 [J]. 中国审计, 2011, (20): 59-61.

[30] 谭湘, 蔡友琼. 试论农村审计规范化建设的路径选择 [J]. 中国农业会计, 2007, (4): 44-45.